Inhaltsübersicht

Einführung

Erster Kontakt

Eine korrekte Aussprache ist auch in der Fremdsprache Voraussetzung für eine gute kommunikative Sprachkompetenz. Sie ermöglicht es z. B., sich in einem Gespräch verständlich und intentionsgemäß auszudrücken und die Gesprächspartner ebenfalls gut zu verstehen, da (Aus-)Sprechen und Hören aufs Engste miteinander verknüpft sind.

Mit einer fremden Sprache muss man nicht nur neue Wörter und grammatische Regeln erwerben, sondern auch neue und ungewohnte Laute und Lautfolgen. Das gelingt nur ganz wenigen Lernern ohne zusätzliche Hilfe. Die größten Erfolge stellen sich ein, wenn von Anfang an die ungewohnte Aussprache trainiert wird. Dann schleifen sich nämlich sofort korrekte und nicht etwa fehlerhafte Aussprachemuster ein, die sich später nur noch schwer korrigieren lassen.

Der **Phonetische Einführungskurs** will helfen, neue Aussprachemuster von Anfang an zu trainieren.

1. Der **Phonetische Einführungskurs** ist geeignet für Lernende aller Ausgangssprachen und Altersstufen, die am Anfang des Erlernens von Deutsch als Fremdsprache stehen bzw. die erst wenige oder gar keine Kenntnisse in der deutschen Sprache besitzen.

2. Der **Phonetische Einführungskurs** vermittelt auf der Basis leicht verständlicher Übungen Hör- und Aussprachefertigkeiten sowie Kenntnisse zu wichtigen Ausspracheregeln und Regeln der Laut-Buchstaben-Beziehungen.

3. Der **Phonetische Einführungskurs** kann in Verbindung mit jedem beliebigen Sprachkurs und Lehrbuch eingesetzt werden. Er lässt sich sowohl als kompletter Kurs als auch in ausgewählten Teilen durchführen.

4. Der **Phonetische Einführungskurs** verwendet einfache und leicht semantisierbare Lexik, die die Lernenden für einen ersten Kontakt mit Kommunikationspartnern in der deutschen Sprache benötigen.

Im Anhang sind Hinweise für Lehrer zur Arbeit mit diesem Heft zusammengestellt.

Viel Erfolg und viel Freude bei der wichtigen Arbeit an der Aussprache.

Kerstin Reinke

So klingt Deutsch

Erster Kontakt

1] Wie klingt die Sprache?

a) Hören Sie mehrmals.
Wie klingt Deutsch und wie klingt Ihre Sprache?

b) Wie gefällt Ihnen Deutsch?
Malen Sie ein Bild oder machen Sie eine Collage.

② (2)

Deutsch klingt …:

☺					☹

Deutsch klingt …

Meine Sprache klingt …:

☺					☹

c) Hören Sie noch einmal.
Welche Wörter haben Sie schon verstanden?

② (2)

2] Bekannte Wörter

a) Markieren Sie. Welche Wörter kennen Sie schon?

b) Lesen Sie die Wörter vor.

Das kenne ich schon:

☐ Hotel

☐ Köln

☐ Kaffee

☐ Oktober

☐ Auto

☐ November

☐ München

☐ ....

3] Neue Buchstaben

3 a) Hören Sie die Wörter und markieren Sie neue/unbekannte Buchstaben.

Hotel • Kaffee • Auto • München • Köln • Oktober • November

b) Hören Sie die Wörter noch einmal und sprechen Sie nach.

4] Deutsch – und Ihre Sprache?

a) Schreiben Sie die Wörter in Ihrer Sprache auf (wenn möglich).

Deutsch	Ihre Sprache
Hotel	....
Kaffee	....
Auto	....
München	....
Köln	....
Oktober	....
November	....

b) Lesen Sie die Wörter in Ihrer Sprache vor.

5] Was klingt deutsch?

4 a) Hören Sie und markieren Sie: Welches Wort klingt deutsch?

1	2	3	4	5	6	7	8

5 b) Hören Sie die deutschen Wörter und sprechen Sie leise mit.
c) Hören Sie noch einmal und sprechen Sie nach.
d) Lesen Sie die deutschen Wörter vor.

Hotel • Auto • Oktober • Kaffee • Hallo!

1] Das Alphabet

Lesen Sie die Buchstaben und markieren Sie.
Welche Buchstaben kennen Sie noch nicht?

A a $\mathcal{A}$ α **Arm** **Ma**nn  [a:]	B b $\mathcal{B}$ b **Bonbon** [be:]	C c C c **Clown** **Tasche** [tse:]
D d $\mathcal{D}$ d **Dach** Ra**d**io [de:]	E e $\mathcal{E}$ e **Erde** [e:]	F f $\mathcal{F}$ f **Foto** Brie**f** [ɛf]
G g $\mathcal{G}$ g **Glas** Vo**g**el [ge:]	H h $\mathcal{H}$ h **Hahn** [ha:]	I i $\mathcal{I}$ ι **Insel** v**i**er [i:]
J j $\mathcal{J}$ j **Junge** **j**a Ja! [jɔt]	K k $\mathcal{K}$ k **Knopf** **J**acke [ka:]	L l $\mathcal{L}$ l **Leipzig** **K**öln [ɛl]
M m $\mathcal{M}$ m **Mann** Ka**mm** [ɛm]	N n $\mathcal{N}$ n **Nase** Man**n** [ɛn]	O o $\mathcal{O}$ o **Ohr** K**o**pf [o:]

P p	$\mathcal{P}$ p **Puppe**	Q q	$\mathcal{Q}$ q **Quadrat** **quer**	R r	$\mathcal{R}$ r **Regen** **Schirm**
[pe:]		[ku:]		[ɛr]	
S s	$\mathcal{S}$ δ **Sessel**	T t	$\mathcal{T}$ t **Tüte**	U u	$\mathcal{U}$ u **Uhr** **Blume**
[ɛs]		[te:]		[u:]	
V v	V v **Vogel** **Klavier**	W w	$\mathcal{W}$ w **Wolke** **Gewitter**	X x	$\mathcal{X}$ x **Taxi**
[faɔ]		[ve:]		[ɪks]	
Y y	Y y **typisch**	Z z	Z $\mathcal{z}$ **Zahn** **Arzt**	Ä ä	$\ddot{\mathcal{A}}$ $\ddot{a}$ **Ärztin** **Mädchen**
['ʏpsilɔn]		[tsɛt]		[ɛ:]	
Ö ö	$\ddot{\mathcal{O}}$ $\ddot{o}$ **Öl** **Löffel**	Ü ü	$\ddot{\mathcal{U}}$ $\ddot{u}$ **Übung** **Süden**	ß	β **Fuß**
[ø:]		[y:]		[ɛsts'ɛt]	

2] **Das Alphabet sprechen**

a) Hören Sie und lesen Sie mit.

b) Hören Sie noch einmal und sprechen Sie nach.

Z 6

A B C D E F G H I J K L M N O P Q R S T U V W X Y Z Ä Ö Ü ß

c) Sprechen Sie zwei Buchstaben zusammen.

AB   CD   EF   GH   IJ   KL

MN   OP   QR   ST   UV   WX

YZ   ÄÖ   und   Üß

WX

d) Sprechen Sie vier Buchstaben zusammen.

ABCD   EFGH   IJKL   MNOP   QRST   UVWX

YZÄÖ   Ü   und   ß

QRST

3] **Vokale und Konsonanten im Alphabet**

a) Lesen Sie alle **Vokale** vor.

b) Lesen Sie alle **Konsonanten** vor.

OUY

A B C D E F G H I J K L M N O P Q R S T U V W X Y Z Ä Ö Ü ß

c) Markieren Sie in den Wörtern **Vokale** und **Konsonanten**.

d) Lesen Sie in jedem Wort zuerst die **Vokale** und dann die **Konsonanten** vor.

WXZ

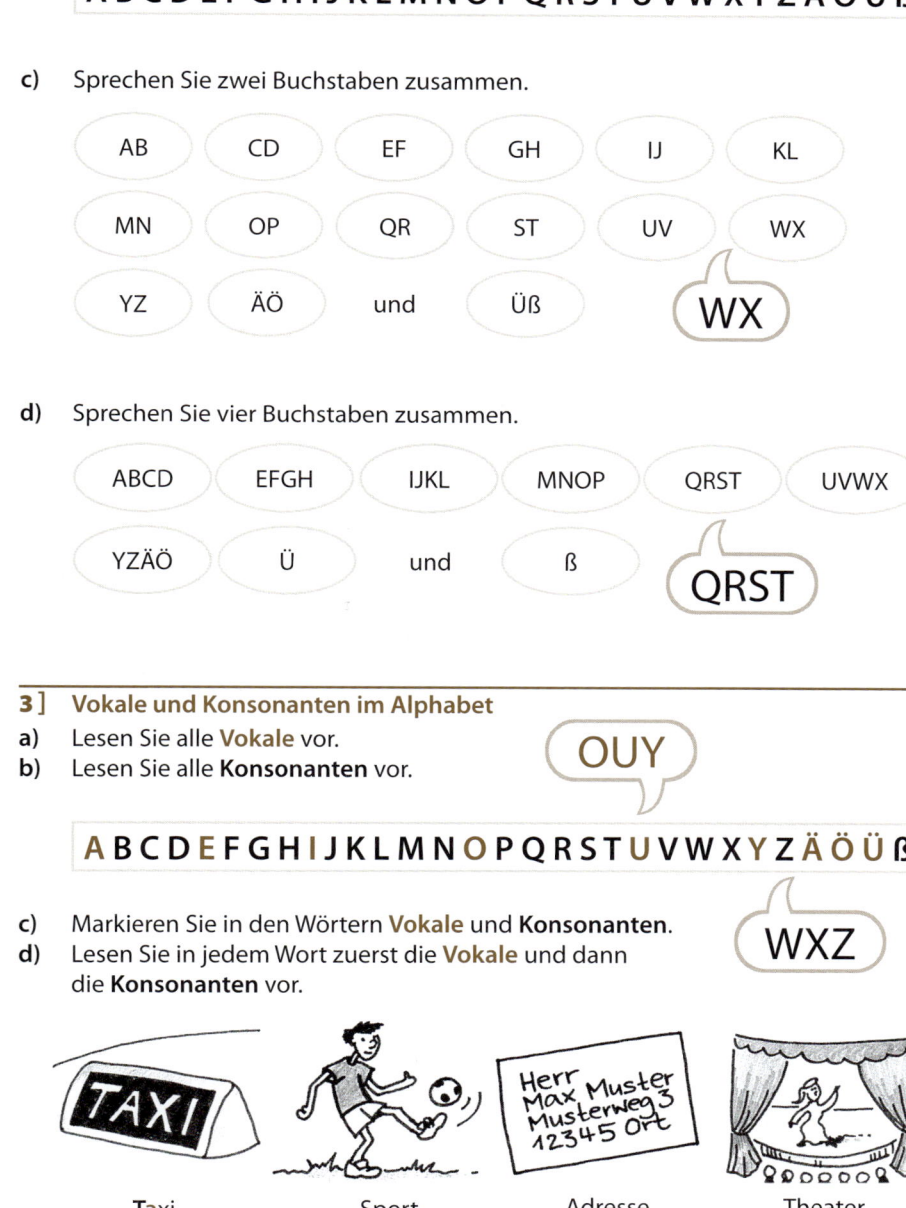

Taxi   Sport   Adresse   Theater

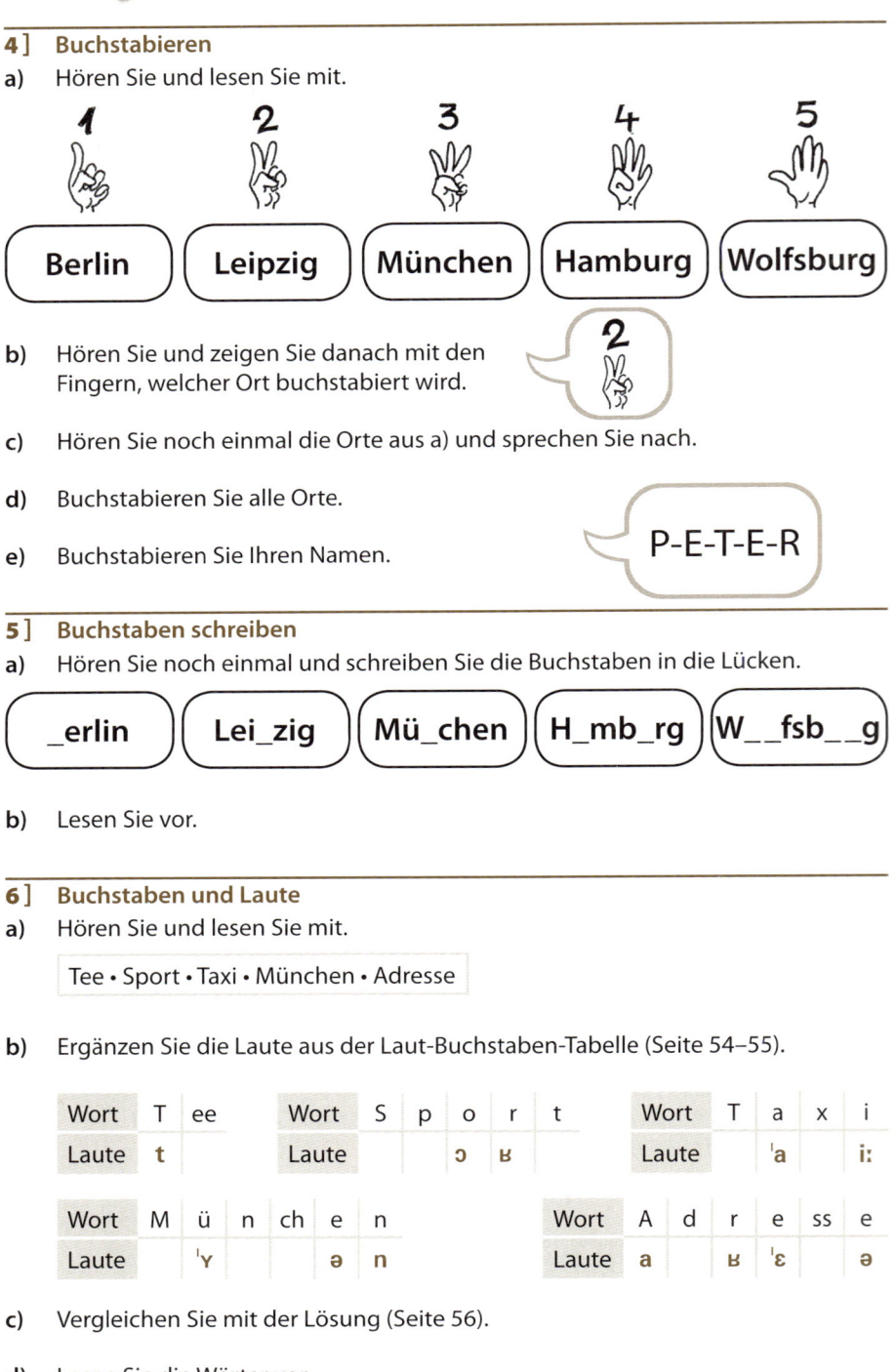

4] Buchstabieren

7 a) Hören Sie und lesen Sie mit.

1   **2**   **3**   **4**   **5**

(Berlin) (Leipzig) (München) (Hamburg) (Wolfsburg)

8 b) Hören Sie und zeigen Sie danach mit den Fingern, welcher Ort buchstabiert wird.

2

7 c) Hören Sie noch einmal die Orte aus a) und sprechen Sie nach.

d) Buchstabieren Sie alle Orte.

e) Buchstabieren Sie Ihren Namen.

P-E-T-E-R

5] Buchstaben schreiben

7 a) Hören Sie noch einmal und schreiben Sie die Buchstaben in die Lücken.

(_erlin) (Lei_zig) (Mü_chen) (H_mb_rg) (W__fsb__g)

b) Lesen Sie vor.

6] Buchstaben und Laute

9 a) Hören Sie und lesen Sie mit.

Tee • Sport • Taxi • München • Adresse

b) Ergänzen Sie die Laute aus der Laut-Buchstaben-Tabelle (Seite 54–55).

Wort	T	ee
Laute	t	

Wort	S	p	o	r	t
Laute			ɔ	ʁ	

Wort	T	a	x	i
Laute		'a		iː

Wort	M	ü	n	ch	e	n
Laute		'ʏ			ə	n

Wort	A	d	r	e	ss	e
Laute	a		ʁ	'ɛ		ə

c) Vergleichen Sie mit der Lösung (Seite 56).

d) Lesen Sie die Wörter vor.

1] Silben

a) Hören Sie und klopfen Sie beim zweiten Mal die Silben mit. (10)

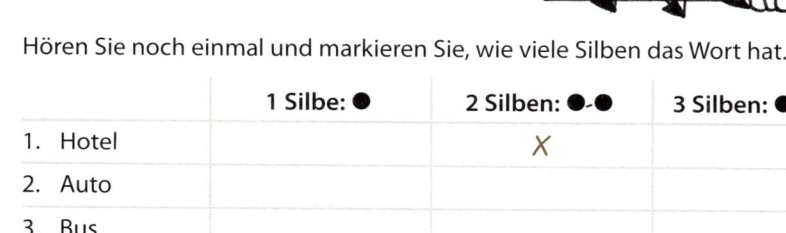

b) Hören Sie noch einmal und markieren Sie, wie viele Silben das Wort hat. (10)

	1 Silbe: ●	2 Silben: ●-●	3 Silben: ●-●-●
1. Hotel		X	
2. Auto			
3. Bus			
4. Flugzeug			
5. Flughafen			
6. Zug			

2] Wortakzentmuster

a) Hören Sie und summen Sie mit.
b) Hören Sie noch einmal und sprechen Sie die Wörter mit. (11)
c) Hören Sie noch einmal und sprechen Sie nach.

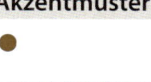
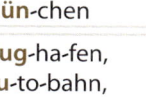

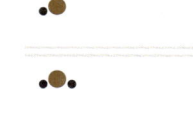
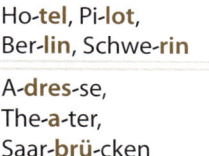

Schwerin

BERLIN

Bielefeld
Paderborn

Leipzig

Köln
Bonn

Saarbrücken

Regensburg

München

Akzentmuster	Wörter
●	**Zug, Bus, Bonn, Köln**
●•	**Flug**-zeug, **Au**-to, **Leip**-zig, **Mün**-chen
●••	**Flug**-ha-fen, **Au**-to-bahn, **Re**-gens-burg
•●	Ho-**tel**, Pi-**lot**, Ber-**lin**, Schwe-**rin**
•●•	A-**dres**-se, The-**a**-ter, Saar-**brü**-cken
••●	Pa-der-**born**

3] **Regeln**

- Wörter haben Silben. Eine Silbe im Wort ist betont.
  ⇨ Sie hat den Wortakzent.
- Wortakzente sind in jedem Wort fest, z. B.
- Wortakzente sind sehr laut und deutlich.

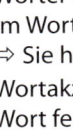  Lei̲pzig

  The̲ater

4] **Tipps**

- **Wörterbuch:**
  Der betonte Vokal ist markiert (The̲ater).
- **Aussprachetipps:**
  – Wörter summen – betonte Silbe laut, unbetonte Silben leise: **HM**-hm (Lei̲pzig), hm-**HM**-hm (The̲ater).
  – Betonte Silbe laut sprechen, nicht betonte Silben leise sprechen.
  – Silben klopfen/klatschen (**KLOPF**-klopf ⇨ *Lei̲pzig*).

5] **Wortakzente erkennen**

(12) **a)** Hören Sie und klopfen oder summen Sie mit.

> Fahr-kar-te • Bahn-hof • Tank-stel-le • Stra-ße • Mu-se-um • Bie-le-feld

(12) **b)** Hören Sie noch einmal und markieren Sie. Welches Muster passt?

	 ●.	●..	.●.
1. Fahrkarte		X	
2. Bahnhof			
3. Tankstelle			
4. Straße			
5. Museum			
6. Bielefeld			

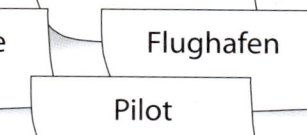

c) Schreiben Sie die Wörter auf Zettel und markieren Sie den Wortakzent (die betonte Silbe).

Fl**u**gzeug

Fahrkarte

Auto

Adresse

Tankstelle

Flughafen

Hotel

Autobahn

Pilot

Museum

Leipzig

Berlin

d) Lesen Sie die Wörter vor und achten Sie auf den Wortakzent.
e) Hören Sie die Akzentmuster und zeigen Sie ein passendes Wort. **13**

HM-hm

L**ei**pzig

6] **Wortakzente erkennen (Orte)**

a) Hören Sie und markieren Sie den Wortakzent. **14**
b) Hören Sie noch einmal und sprechen Sie nach.

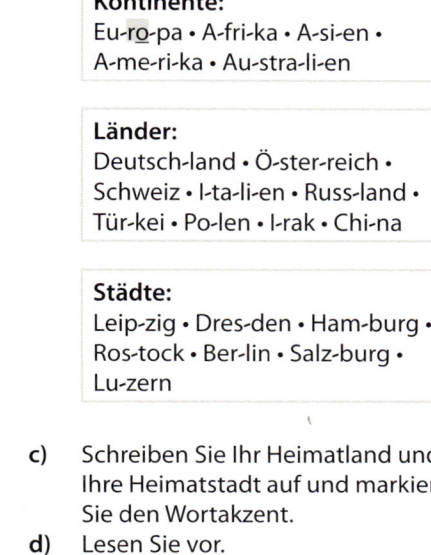

Kontinente:
Eu-r**o**-pa • A-fri-ka • A-si-en • A-me-ri-ka • Au-stra-li-en

Ich komme aus Europa.

Länder:
Deutsch-land • Ö-ster-reich • Schweiz • I-ta-li-en • Russ-land • Tür-kei • Po-len • I-rak • Chi-na

Ich komme aus Österreich.

Städte:
Leip-zig • Dres-den • Ham-burg • Ros-tock • Ber-lin • Salz-burg • Lu-zern

Ich komme aus Salzburg.

c) Schreiben Sie Ihr Heimatland und Ihre Heimatstadt auf und markieren Sie den Wortakzent.
d) Lesen Sie vor.

....

Schritt 4

Wie geht es dir? ↗ Danke, → gut. ↘

Melodie

↗
↘
→

1] So klingt die Melodie

a) Hören Sie und summen Sie mit.

15 b) Hören Sie noch einmal und sprechen Sie mit.

c) Hören Sie noch einmal und sprechen Sie nach.

> # Hm-hm

		hm?		lo?
↗	HM	↗	Hal	↗
↘	HM		Hal	
		hm!		lo!
→	HM-hm … →		Hallo, ——→ Frau Moll.	

Hallo? ↗

Hallo! ↘ Hallo, → Frau Moll. ↘

4] Tipps

● **Regeln:**
Satzzeichen beachten (vgl. 3.).

● **Aussprachetipps:**

– Melodie zuerst summen (vgl. 1).

– Bei ↘ sehr weit mit d
nach unten gehen ur
ten begleiten.

– Bei ↗ sehr weit mit d
nach oben gehen und
begleiten.

3] Regeln

● Die Melodie geht am Ende von
Sätzen mit . und ! meist extrem
nach unten ↘.

● Die Melodie geht am Ende
von Sätzen mit ? meist nach
oben ↗.

● Die Melodie bleibt bei , und vor
einer Pause meist gleich →.

5] **Die Melodie erkennen**

a) Hören Sie und summen Sie mit.

b) Hören Sie noch einmal und markieren Sie. Welche Melodie passt?

16

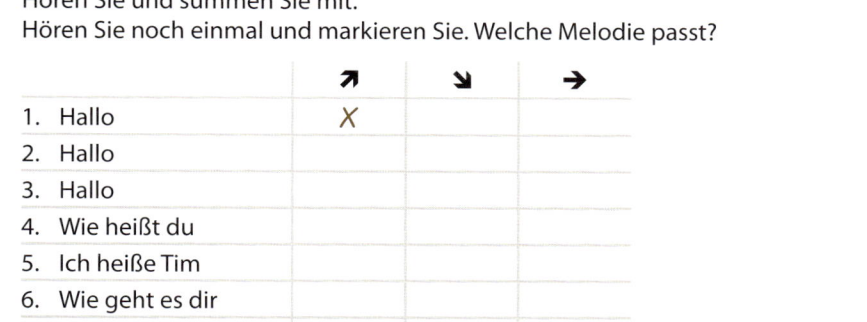

	↗	↘	→
1. Hallo	X		
2. Hallo			
3. Hallo			
4. Wie heißt du			
5. Ich heiße Tim			
6. Wie geht es dir			
7. Danke			
8. Gut			

c) Hören Sie noch einmal und tragen Sie die Satzzeichen (, . ?) ein.

16

d) Lesen Sie vor.

6] **Die Melodie sprechen**

Lesen Sie zu zweit vor.

1.
A: Hallo? ↗
B: Hallo. ↘

2.
A: Wie heißt du? ↗
B: Ich heiße (Ihr Name). ↘

3.
A: Wie geht es dir? ↗
B: Danke, → gut. ↘

7] **Emotional sprechen**

a) Hören Sie und sprechen Sie mit.

b) Hören Sie und sprechen Sie nach.

17

Hallo? ↗

Hallo. ↘

Wie heißt du? ↗

Ich heiße (Ihr Name). ↘

Wie geht es dir? ↗

Danke, → gut. ↘

c) Schreiben Sie Zettel wie in b), ziehen Sie einen Zettel und lesen Sie emotional vor.

1] So klingen lange und kurze Vokale

a) Hören Sie die Wortpaare und lesen Sie mit.

18 b) Hören Sie noch einmal und sprechen Sie (mit Gesten) mit.

c) Hören Sie noch einmal und sprechen Sie (mit Gesten) nach.

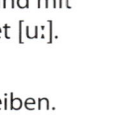

Vokale	
lang/gespannt	kurz/ungespannt
die T<u>a</u>fel	die Ta̦sche
die Sch<u>e</u>re	das He̦ft
der Br<u>ie</u>f	der Sti̦ft
das F<u>o</u>to	der Ko̦ffer
die <u>Uh</u>r	der Ku̦rs

2] Laut-Buchstaben-Beziehungen

● **lange Vokale:**
  – Doppelvokale (*Z<u>oo</u>*)
  – Vokal + h (*<u>Uh</u>r*)
  – ie (*Br<u>ie</u>f*)

● **kurze Vokale:**
  – Vokal + Doppelkonsonant (*Ko̦ffer*)
  – Vokal + ck (*Zu̦cker*)

3] Tipps

● **Regeln** für Laut-Buchstaben-Beziehungen lernen (vgl. 2).

● **Wörterbuch/Laut-Buchstaben-Tabelle:**
  – Lange Vokale sind unterstrichen (*<u>Uh</u>r*), kurze Vokale sind unter-punktet (*Ku̦rs*).
  – Phonetische Zeichen unterscheiden sich bei langen Vokalen (*<u>Uh</u>r* [uː]) und kurzen Vokalen (*Ku̦rs* [ʊ]); lange Vokale sind mit einem [ː] gekennzeichnet [uː].

● **Aussprachetipps:**
  – Länge und Kürze übertreiben.
  – Mit Gesten sprechen (vgl. 1).
  – Lange Vokale mit viel Spannung sprechen.
  – Kurze Vokale ungespannt sprechen.

4] Reime

a) Hören Sie die Wortpaare und markieren Sie. Welche Wörter reimen sich? **19**

	Reim?			Reim?
1. Nase – Vase	X	6. Bild – Buch		
2. Uhr – Ohr		7. Bild – Schild		
3. Tasche – Tafel		8. Knopf – Kopf		
4. Tasche – Flasche		9. Buch – Bus		
5. Schrank – Bank		10. Buch – Tuch		

b) Hören Sie die Reimpaare und markieren Sie hier: **20**
langer Vokal mit _ – kurzer Vokal mit .

1. Na̱se – Vase   3. Schrank – Bank   5. Knopf – Kopf
2. Tasche – Flasche   4. Bild – Schild   6. Bu̱ch – Tuch

c) Lesen Sie die Reimpaare vor.

5] Emotional sprechen

a) Hören Sie mehrmals und markieren Sie hier:
langer Vokal mit _ – kurzer Vokal mit .

Hallo!
Auf Wiedersehen!
Tschüss!

21

Gu̱ten Morgen! Guten Tag! Guten Abend! Gute Nacht!

b) Hören Sie noch einmal und sprechen Sie nach. **21**
c) Sagen Sie *Hallo!* und *Auf Wiedersehen!* mit Gesten.

6] Buchstaben schreiben

a) Hören Sie und schreiben Sie
die Buchstaben.
b) Lesen Sie vor.

22

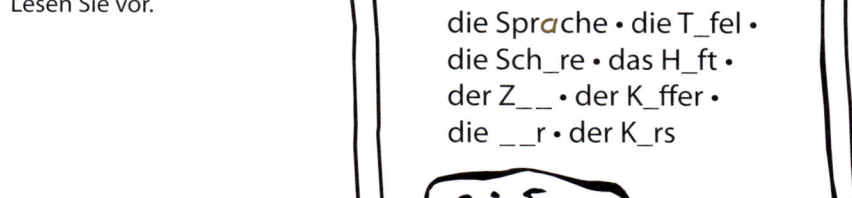

die Spra̱che • die T_fel •
die Sch_re • das H_ft •
der Z_ _ • der K_ffer •
die _ _r • der K_rs

[Schritt 6] Schnee, Regen und Schirme

e-Laute [eː] – [ɛ] – [ɛː] und *i-Laute* [iː] – [ɪ]

1] So klingen *e-* und *i-Laute*

23

a) Hören Sie die Wortpaare und lesen Sie mit.

b) Hören Sie noch einmal und sprechen Sie (mit Gesten) mit.

c) Hören Sie noch einmal und sprechen Sie (mit Gesten) nach.

Schlechtes Wetter!

INA

e-Laute	
lang [eː]	**kurz [ɛ]**
der R<u>e</u>gen	das W<u>e</u>tter
der Schn<u>ee</u>	schl<u>e</u>cht

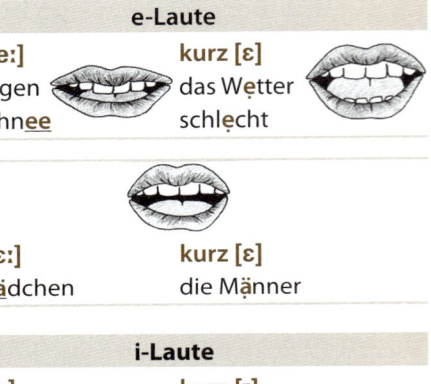

lang [ɛː]	**kurz [ɛ]**
das M<u>ä</u>dchen	die M<u>ä</u>nner

i-Laute	
lang [iː]	**kurz [ɪ]**
v<u>ie</u>r	<u>i</u>ch
das B<u>ie</u>r	der Sch<u>i</u>rm

2] Laut-Buchstaben-Beziehungen

[eː]	e	der R<u>e</u>gen
	ee	der Schn<u>ee</u>
	eh	s<u>eh</u>en

[ɛ]	e	das W<u>e</u>tter
	ä	die M<u>ä</u>nner

[ɛː]	ä	das M<u>ä</u>dchen
	äh	z<u>äh</u>len

[iː]	i	<u>I</u>na
	ie	v<u>ie</u>r

[ɪ]	i	der Sch<u>i</u>rm

3] Tipps

● **Regeln** für Laut-Buchstaben-Beziehungen lernen (vgl. 2).

● **Wörterbuch/Laut-Buchstaben-Tabelle:**
  - Lange Vokale sind unterstrichen (*R<u>e</u>gen*), kurze Vokale sind unterpunktet (*W<u>e</u>tter*).
  - Phonetische Zeichen unterscheiden sich bei langen Vokalen (*R<u>e</u>gen* [eː]) und kurzen Vokalen (*W<u>e</u>tter* [ɛ]).

● **Aussprachetipps:**
  - Länge und Kürze bei Vokalen übertreiben und mit Gesten begleiten.
  - Bei langem [eː] und [iː] lächeln und fröhlich *He!* oder *Hi!* rufen (vgl. 4).

4] Laute üben

a) Langer *e-Laut* [e:] wie in *Schnee*:

Wir sprechen so:

Heee! Schnee!

b) Langer *i-Laut* [i:] wie in *sieben*:

Wir sprechen so:

Hiii! Sieben!

5] Vokale unterscheiden und Wörter sortieren

a) Hören Sie und lesen Sie mit.

(24)

Tee · Erde · Schirm · Blitz · Wetter · Männer · Bier · schlecht

b) Schreiben Sie die Wörter aus a) in die richtige Spalte.

lang		kurz	
e-Laute	i-Laute	e-Laute	i-Laute
Tee			

c) Lesen Sie die Wörter spaltenweise vor.

6] Wörter suchen und sprechen

Machen Sie Zettel und ziehen Sie einen Zettel: Wie heißt das Wort?

7] Emotional sprechen

25 **a)** Hören Sie mehrmals und markieren Sie hier:
langer Vokal mit _ – kurzer Vokal mit .

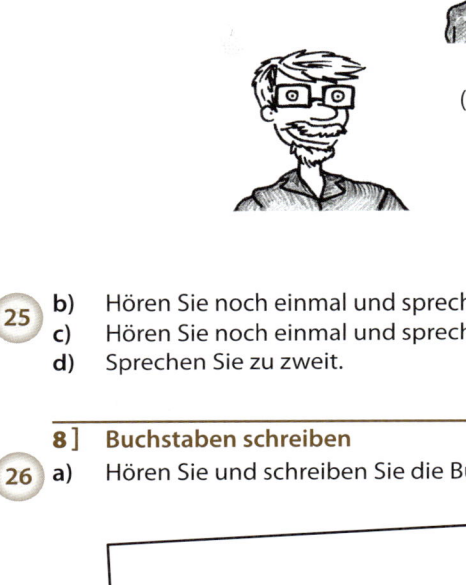

(1) A: Wie geht es dir?
  B: Mir geht es gut.

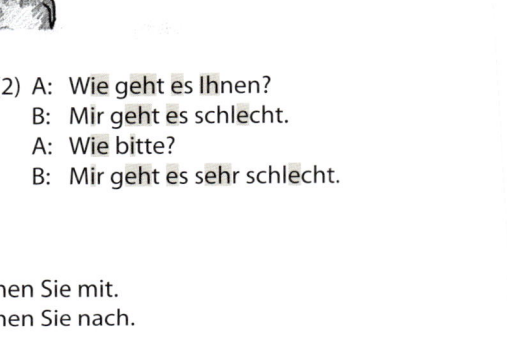

(2) A: Wie geht es Ihnen?
  B: Mir geht es schlecht.
  A: Wie bitte?
  B: Mir geht es sehr schlecht.

25 **b)** Hören Sie noch einmal und sprechen Sie mit.
c) Hören Sie noch einmal und sprechen Sie nach.
d) Sprechen Sie zu zweit.

8] Buchstaben schreiben

26 **a)** Hören Sie und schreiben Sie die Buchstaben.

Wetter: schl_cht,
    R_gen,
    Schn__

☺: M_r g__t _s
    s__r gut!

b) Lesen Sie vor.

[Schritt 7]

Brot, Butter, Töpfe, Schüsseln
o-Laute [oː] – [ɔ] und *u*-Laute [uː] – [ʊ]
ö-Laute [øː] – [œ] und *ü*-Laute [yː] – [ʏ]

Oo	Öö
Uu	Üü

1] So klingen *o*-, *u*-, *ö*- und *ü*-Laute

a) Hören Sie die Wortpaare und lesen Sie mit.
b) Hören Sie noch einmal und sprechen Sie (mit Gesten) mit.
c) Hören Sie noch einmal und sprechen Sie (mit Gesten) nach.

(27)

	lang	kurz
o-Laute	**lang [oː]**	**kurz [ɔ]**
	das Br<u>o</u>t	der T<u>o</u>pf
u-Laute	**lang [uː]**	**kurz [ʊ]**
	das B<u>u</u>ch	die B<u>u</u>tter
ö-Laute	**lang [øː]**	**kurz [œ]**
	das Br<u>ö</u>tchen	der L<u>ö</u>ffel
ü-Laute	**lang [yː]**	**kurz [ʏ]**
	das M<u>ü</u>sli	die Sch<u>ü</u>ssel

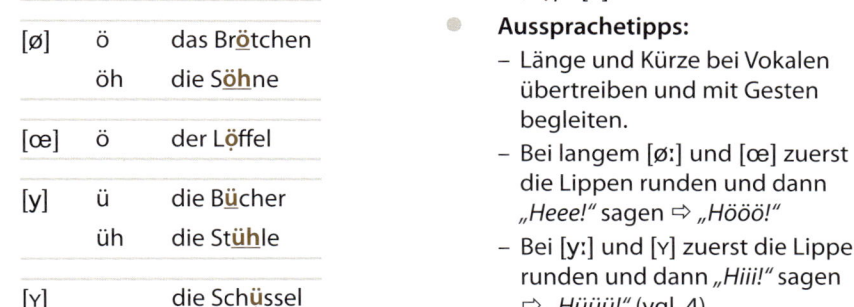

2] Laut-Buchstaben-Beziehungen

[oː]	o	das Br<u>o</u>t
	oo	der Z<u>oo</u>
	oh	das <u>Oh</u>r
[ɔ]	o	der T<u>o</u>pf
[uː]	u	das B<u>u</u>ch
	uh	die <u>Uh</u>r
[ʊ]	u	die B<u>u</u>tter
[ø]	ö	das Br<u>ö</u>tchen
	öh	die S<u>öh</u>ne
[œ]	ö	der L<u>ö</u>ffel
[y]	ü	die B<u>ü</u>cher
	üh	die St<u>üh</u>le
[ʏ]		die Sch<u>ü</u>ssel

3] Tipps

- **Regeln** für Laut-Buchstaben-Beziehungen lernen (vgl. 2).
- **Wörterbuch/Laut-Buchstaben-Tabelle:**
  – Lange Vokale sind unterstrichen *(Ohr)*, kurze Vokale sind unterpunktet *(Topf)*.
  – Phonetische Zeichen unterscheiden sich bei langen Vokalen *(Ohr* [oː]*)* und kurzen Vokalen *(Topf* [ɔ]*)*.
- **Aussprachetipps:**
  – Länge und Kürze bei Vokalen übertreiben und mit Gesten begleiten.
  – Bei langem [øː] und [œ] zuerst die Lippen runden und dann *„Heee!"* sagen ⇨ *„Hööö!"*
  – Bei [yː] und [ʏ] zuerst die Lippen runden und dann *„Hiii!"* sagen ⇨ *„Hüüü!"* (vgl. 4).

4] **Laute üben**

a) Langer *ö-Laut* [ø:] wie in *S<u>öh</u>ne*:

Wir sprechen so:

Heeee!

Hööö!

Jetzt die Lippen rund!

b) Kurzer *ö-Laut* [œ] wie in *L<u>ö</u>ffel*:

Wir sprechen so:

He!

Hö!

Jetzt die Lippen rund!

c) Langer *ü-Laut* [y:] wie in *B<u>ü</u>cher*:

Wir sprechen so:

Hiii!

Hüüü!

Jetzt die Lippen rund!

d) Kurzer *ü-Laut* [ʏ] wie in *Sch<u>ü</u>ssel*:

Wir sprechen so:

Hi!

Hü!

Jetzt die Lippen rund!

5] **Vokale unterscheiden**

a) Hören Sie die Wortpaare und lesen Sie mit.

 28

1.	ö- und ü-Laute:	
	lang	**kurz**
	Brötchen	Löffel
	Müsli	Schüssel

3.	o- und ö-Laute:	
	Brot	Brötchen
	Topf	Töpfe

5.	u- und ü-Laute:	
	Buch	Bücher
	Wurst	Würstchen

2.	o- und u-Laute:	
	Ohr	Uhr
	Zoo	zu

4.	e- und ö-Laute:	
	See	Söhne
	Schnee	schön

6.	i- und ü-Laute:	
	Schirm	Schüssel
	sieben	Stühle

b) Hören Sie noch einmal und markieren Sie hier: 28
langer Vokal mit _ – kurzer Vokal mit .

c) Lesen Sie die Wortpaare vor.

6] **Wörter erkennen**
Machen Sie Zettel und ziehen Sie einen Zettel. Wie heißt das Wort?

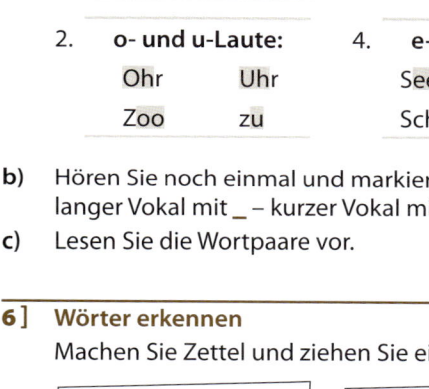

7] **Emotional sprechen**

29 **a)** Hören Sie und lesen Sie mit.

1. Sch**ö**n! ☺
2. So schön! ☺
3. Schön, schön! ☹
4. S**e**hr schön! ☺
5. G**u**t! ☺
6. So gut! ☺
7. S**e**hr gut! ☺
8. Na gut! ☹

29 **b)** Hören Sie mehrmals und markieren Sie hier:
langer Vokal mit _ – kurzer Vokal mit .
c) Hören Sie noch einmal und sprechen Sie nach.
d) Zeigen Sie auf etwas und sprechen Sie emotional: *Schön! Sehr schön! So schön!*
e) Kombinieren Sie, z. B.: *Die Uhr. Schön!*

• die Uhr	• Schön!
• der Stuhl	• Sehr schön!
• der Topf	• So schön!
• die Schüssel	• Schön!
• das Buch …	• Schön, schön!

8] **Buchstaben schreiben**

30 **a)** Hören Sie und schreiben Sie die Buchstaben.

• B**u**tter
• C_la
• f_nf B_cher
• zw_lf Br_tchen
• ein Br_t
• W_rst
• eine _ _r

b) Lesen Sie vor.

Einkaufen. Alles neu!

Diphthonge [aɛ̯], [aɔ̯], [ɔœ̯]

Ei ei	Eu eu
Ai ai	Äu äu
Au au	

1] **So klingen Diphthonge**

a) Hören Sie die Wörter und lesen Sie mit.

b) Hören Sie noch einmal und sprechen Sie mit.

c) Hören Sie noch einmal und sprechen Sie nach.

31

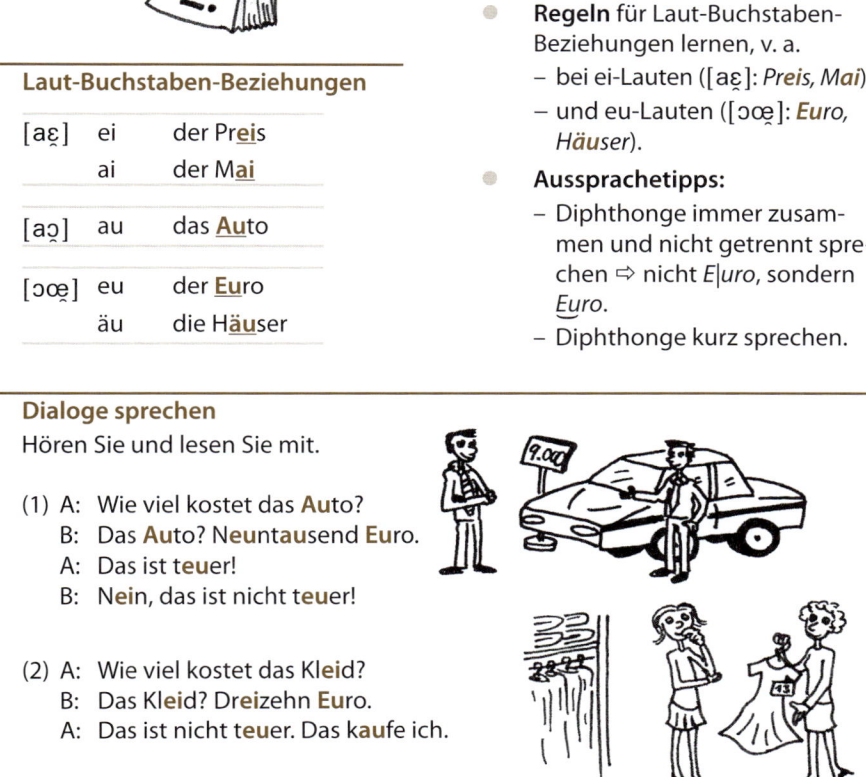

Diphthonge	
ei-Laute [aɛ̯]	der Pr**ei**s
	der M**ai**
au-Laute [aɔ̯]	das H**au**s
	das **Au**to
eu-Laute [ɔœ̯]	die H**äu**ser
	der **Eu**ro

2] **Laut-Buchstaben-Beziehungen**

[aɛ̯]	ei	der Pr**ei**s
	ai	der M**ai**
[aɔ̯]	au	das **Au**to
[ɔœ̯]	eu	der **Eu**ro
	äu	die H**äu**ser

3] **Tipps**

● **Regeln** für Laut-Buchstaben-Beziehungen lernen, v. a.

  – bei ei-Lauten ([aɛ̯]: *Preis, Mai*)

  – und eu-Lauten ([ɔœ̯]: *Euro, Häuser*).

● **Aussprachetipps:**

  – Diphthonge immer zusammen und nicht getrennt sprechen ⇨ nicht *E|uro*, sondern *Euro*.

  – Diphthonge kurz sprechen.

4] **Dialoge sprechen**

a) Hören Sie und lesen Sie mit.

32

  (1) A: Wie viel kostet das **Au**to?
     B: Das **Au**to? N**eu**nt**au**send **Eu**ro.
     A: Das ist t**eu**er!
     B: N**ei**n, das ist nicht t**eu**er!

  (2) A: Wie viel kostet das Kl**ei**d?
     B: Das Kl**ei**d? Dr**ei**zehn **Eu**ro.
     A: Das ist nicht t**eu**er. Das k**au**fe ich.

b) Lesen Sie die Dialoge zu zweit.

5] **Wörter sortieren**

a) Schreiben Sie die Wörter in die richtige Spalte.

Kleid · Auto · Euro · nein · kaufen · teuer · dreizehn · neun

ei-Laute [a͜ɛ]	au-Laute [a͜ɔ]	eu-Laute [ɔ͜œ]
nein		

b) Lesen Sie die Wörter spaltenweise vor.

6] **Wörter erkennen**

Machen Sie Zettel und ziehen Sie einen Zettel. Wie heißt das Wort?

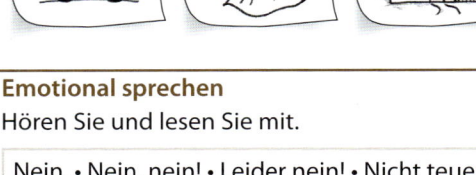

7] **Emotional sprechen**

33 a) Hören Sie und lesen Sie mit.

Nein. · Nein, nein! · Leider nein! · Nicht teuer! · So teuer? ·
Neun Euro? · Zu teuer! · Au! Das tut weh!

Au!

33 b) Hören Sie noch einmal und sprechen Sie nach.

c) Kombinieren Sie, z. B.: *Das Kleid? Nein, zu teuer!*

das Kleid · das Haus · das Auto · die Zeitung	→	Nein, zu teuer! · So teuer! · Nicht teuer!

8] **Buchstaben schreiben**

34 a) Hören Sie und schreiben Sie die Buchstaben.

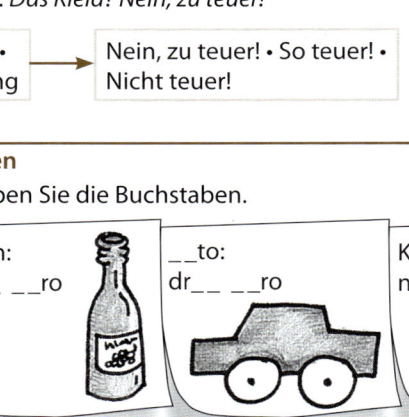

H _ _ te:
zweiter
M _ _

W _ _ n:
zw _ _ _ ro

_ _ to:
dr _ _ _ ro

Kl _ _ d:
n _ _ n _ _ ro

b) Lesen Sie vor.

Schritt 9

Wasser bitte! Danke!

Reduktionsvokale -e [ə] und er-/-er [ɐ]

e

er

r

1] So klingen Reduktionsvokale

a) Hören Sie die Wörter und lesen Sie mit.
b) Hören Sie noch einmal und sprechen Sie mit.
c) Hören Sie noch einmal und sprechen Sie nach.

Reduktionsvokale	
[ə] in -e/e-	die Blume
	die Blumen
	der Besuch
[ɐ] in -er/er-	das Wasser
	vergessen

3] Tipps

- **Regeln** für Laut-Buchstaben-Beziehungen lernen (vgl. 2).

  [ə] spricht man:
  – in Präfixen (Besuch)
  – in Endungen (Blume, Blumen); in -en fällt [ə] oft weg (vgl. 2 und 5 c).

  [ɐ] spricht man:
  – in Präfixen (vergessen)
  – in Endungen (Wasser).

- **Aussprachetipps:**
  – Beide Reduktionsvokale sehr schwach, leise und undeutlich sprechen (vgl. 4).
  – Endungen nicht betonen.
  – In -er (verstehen) und -er (Wasser) keinen r-Laut sprechen.
  – In e- (Gewitter) und -e (Blume) keinen richtigen e-Laut (wie in Wetter oder Schnee) sprechen.
  – [ə] und [ɐ] klingen ähnlich, aber sie müssen unterschieden werden (bitte – bitter).
  – [ə] (bitte) klingt wie ein ganz kurzes a.
  – [ɐ] (bitter) klingt wie ein ganz kurzes o.

2] Laut-Buchstaben-Beziehungen

[ə]	-e	die Blume
	-en	die Blumen
	-én	der Süden
		der Regen
		die Buchstaben
	-él	der Vogel
		(Achtung: In -en und -el fällt [ə] oft aus.)
	e-	der Besuch
[ɐ]	-er	das Wasser
	er-	verstehen

4] **Laute üben**

a) -e [ə] wie in *Blume*:

Mund wenig öffnen:
Wir sprechen ein ganz kurzes *a*!

[ə] Blum**e**

b) -er [ɐ] wie in *Wasser*:

Mund wenig öffnen:
Wir sprechen ein ganz kurzes *o*! (Achtung: Lippen nicht runden!)

[ɐ] Wass**er**

5] **Wörter unterscheiden**

36 **a)** Hören Sie und sprechen Sie nach: -e [ə] und -er [ɐ].

-e [ə] – bitt**e**   -er [ɐ] – bitt**er**

37 **b)** Hören Sie und markieren Sie. Welches Wort hören Sie?

	bitte	**bitter**
1.	X	
2.		
3.		
4.		

38 **c)** Hören Sie die Wortpaare und sprechen Sie nach: -en und -el mit -e und ohne -e!

mit -e	**ohne -e**
Süd**en**	Süd**é**n
Reg**en**	Reg**é**n
Buchstab**en**	Buchstab**é**n
Vog**el**	Vog**é**l

d) Lesen Sie die Wortpaare vor.

6] **Emotional sprechen**

39 **a)** Hören Sie und lesen Sie mit.

(1) A: Das Wasser.
       Bitte!
    B: Danke!
       Vielen Dank!

Bitte!

Danke!

(2) A: Guten Tag!
     Wie heißen Sie?
   B: Ich heiße Peter.

Wie heißen Sie?

Ich heiße Peter.

(3) A: Guten Morgen.
     Sprechen Sie Deutsch?
   B: Ja, ein bisschen.

Sprechen Sie Deutsch?

Ja, ein bisschen.

b) Hören Sie mehrmals und markieren Sie: *-e, -en, -er*.

c) Hören Sie noch einmal und sprechen Sie nach.

(39)

d) Sprechen Sie die Dialoge (aus a) zu zweit.

e) Kombinieren Sie Wörter mit „*Bitte!*" und „*Danke!*" und üben Sie zu zweit:
     z. B. *A: Das Heft. Bitte! – B: Danke!*

| die Blume • das Wasser • die Tasche • die Tasse • der Löffel • die Bücher | → | Bitte! • Danke! |

7] **Buchstaben schreiben**

a) Hören Sie und schreiben Sie die Buchstaben.

(40)

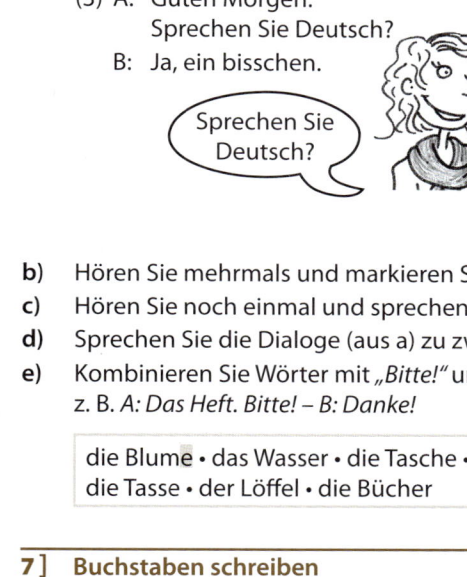

*Bitt**e**!*

Gut__ Morg__!

Gut__ Tag!

Hallo Pet__!

b) Lesen Sie vor.

Pp	Bb
Tt	Dd
Kk	Gg

1] **So klingen *p-, t-, k-Laute* und *b-, d-, g-Laute***

a) Hören Sie die Wörter und lesen Sie mit.

41 **b)** Hören Sie noch einmal und sprechen Sie (mit Gesten) mit.

c) Hören Sie noch einmal und sprechen Sie (mit Gesten) nach.

Plosive	
stark gespannt (fortis)	**schwach gespannt (lenis)**
[p] die **P**ost	**[b]** der **B**rief
[t] das **T**elefon	**[d]** das **D**atum
[k] die **K**arte	**[g]** das **G**eld

2] **Laut-Buchstaben-Beziehungen**

[p]	p	die **P**ost
	pp	die Pu**pp**e
	-b	gel**b**
[b]	b	der **B**rief
[t]	t	das **T**elefon
	tt	das We**tt**er
	th	das **Th**eater
	-d	das Lan**d**
[d]	d	das **D**atum
[k]	k	die **K**arte
	ck	Rosto**ck**
	ch(s)	se**chs**
	-g	der Ta**g**

3] **Tipps**

- **Regeln** für Laut-Buchstaben-Beziehungen lernen (vgl. 2).
  - *b, d, g* werden am Ende von Wörtern immer wie [p, t, k] gesprochen.

- **Aussprachetipps:**
  - [p, t, k] gespannt sprechen.
  - [p, t, k] wie *ph, th, kh* sprechen (vgl. 4 a).
  - [b, d, g] ungespannt sprechen (vgl. 4 b).

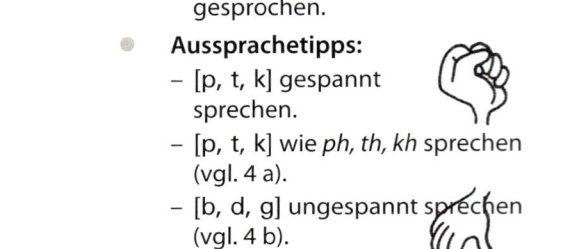

4] Laute üben

a) [p, t, k] wie in *Post, T*elefon und *K*arte:

Wir sprechen so:

Halten Sie ein Blatt
Papier vor die Lippen.

ph, th, kh

b) [b, d, g] wie in *Brief, D*atum und *G*eld:

Wir sprechen so:

b, d, g

5] Wörter unterscheiden

a) Hören Sie die Wortpaare und lesen Sie mit.

42

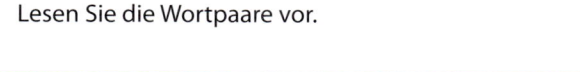

1.	[p]	[b]	2.	[t]	[d]	3.	[k]	[g]
	Post	Brief		Topf	Dach		Karten	Garten
	Puppe	Blume		Tüte	Datum		Kopf	Geld

b) Lesen Sie die Wortpaare vor.

6] Laute erkennen

Hören Sie und markieren Sie. In welcher Stadt hören Sie ein …?

43

	Wo hören Sie ein …	1. Stadt	2. Stadt	3. Stadt
1.	[k]	X		
2.	[p]			
3.	[d]			
4.	[g]			

7] Wörter suchen

a) Suchen Sie auf der Landkarte Städte mit P, T, K, B, D, G und scheiben Sie sie auf.

P…	T…	K…	B…	D…	G…
		Köln			

b) Lesen Sie vor.

8] Emotional sprechen

44 **a)** Hören Sie und lesen Sie mit.

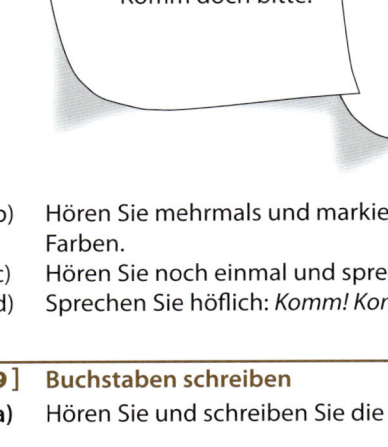

1. Komm!
   Komm bitte!
   Komm doch bitte!

2. Geh!
   Geh bitte!
   Geh doch bitte!

3. Bleib!
   Bleib bitte!
   Bleib doch bitte!

44 **b)** Hören Sie mehrmals und markieren Sie [p], [b], [t], [d], [k], [g] mit verschiedenen Farben.

c) Hören Sie noch einmal und sprechen Sie nach.

d) Sprechen Sie höflich: *Komm! Komm doch bitte!* …

9] Buchstaben schreiben

45 **a)** Hören Sie und schreiben Sie die Buchstaben.

- *B*erlin
- _öln
- _rier
- _onn
- _era
- _ _res_en
- Ros_o_ _
- _eu_schlan_

b) Lesen Sie vor.

[32]

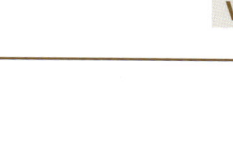
1] So klingen *f-Laute* und *w-Laute*

a) Hören Sie das Wortpaar und lesen Sie mit.

b) Hören Sie noch einmal und sprechen Sie mit. (46)

c) Hören Sie noch einmal und sprechen Sie nach.

Plosive	
stark gespannt (fortis)	**schwach gespannt (lenis)**
[f]	[v]
der **F**isch	der **W**ein

3] Tipps

● **Regeln** für Laut-Buchstaben-Beziehungen lernen, v. a. für die Aussprache von *v* als [f] *(Vogel)* oder [v] *(Vase)* (vgl. 2).

● **Wörterbuch/Laut-Buchstaben-Tabelle:**
– Bei Wörtern mit dem Buchstaben *v* das phonetische Zeichen überprüfen.

● **Aussprachetipps:**
– Bei [f] *(Fisch)* und [v] *(Wein)* liegt die Unterlippe hinter den oberen Schneidezähnen (vgl. 4).
– [f] mit viel Spannung und stimmlos sprechen (vgl. 4 a).
– [v] mit wenig Spannung und stimmhaft sprechen ⇨ Kribbeln auf der Unterlippe (vgl. 4 b).
– [v] nicht mit [b] verwechseln *(Wein – Bein)* (vgl. 5).

2] Laut-Buchstaben-Beziehungen

[f]	f	der **F**isch
	ff	die Karto**ff**eln
	v	der **V**ogel
	ph	die **Ph**onetik

[v]	w	der **W**ein
	v	die **V**ase

4] Laute üben

a) [f] wie in *Fisch*:

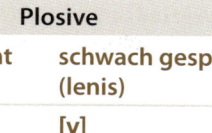

fff!

Wir sprechen so:

Fühlen Sie die Luft auf dem Handrücken.

b) [v] wie in *Wein*:

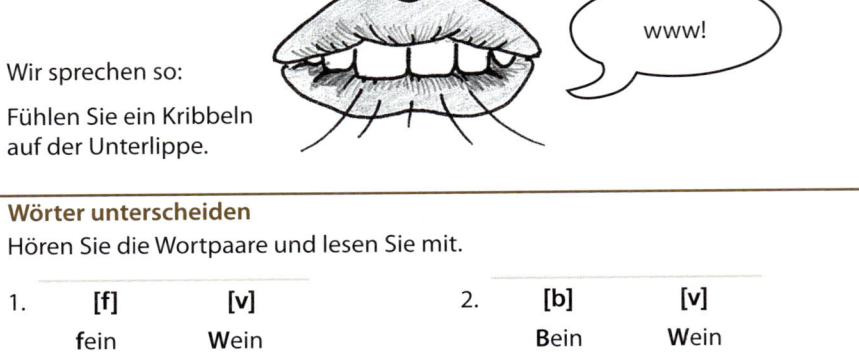

www!

Wir sprechen so:

Fühlen Sie ein Kribbeln
auf der Unterlippe.

5] **Wörter unterscheiden**

47 **a)** Hören Sie die Wortpaare und lesen Sie mit.

1.	**[f]**	**[v]**
	fein	Wein
	Vogel	Wolke

2.	**[b]**	**[v]**
	Bein	Wein
	Bier	wir

b) Lesen Sie die Wortpaare vor.

6] **Wörter erkennen**

48 **a)** Hören Sie und markieren Sie. Welches Wort hören Sie?

	[b]	**[v]**	**[f]**
1.	Bein	*Wein X*	fein
2.	Bein	Wein	fein
3.	Bein	Wein	fein
4.	Bein	Wein	fein

b) Lesen Sie die markierten Wörter vor.

7] **Wörter sortieren**

a) Schreiben Sie die Wörter in die richtige Spalte
(vgl. auch Alphabet S. 7 und Laut-Buchstaben-Tabelle S. 55).

Vokal • Vogel • Visum • Klavier • Vater

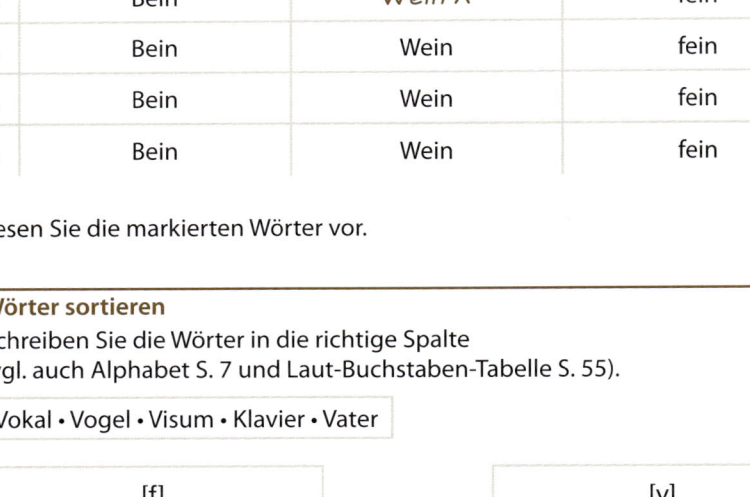

[f]

[v]
Vokal

49 **b)** Hören Sie die Wörter aus a) und sprechen Sie nach.

8] **Emotional sprechen**

a) Hören Sie und lesen Sie mit.

50

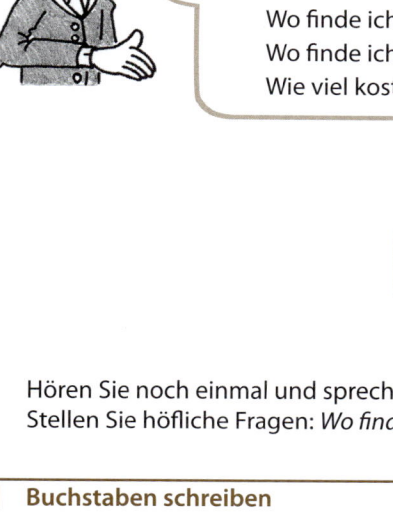

A: Wo finde ich Wein?
Wo finde ich Kartoffeln?
Wo finde ich Fisch?
Wo finde ich Kaffee?
Wo finde ich Wurst?
Wie viel kostet der Wein?

B: Vier Euro bitte.

b) Hören Sie noch einmal und sprechen Sie nach.

50

c) Stellen Sie höfliche Fragen: *Wo finde ich …?*

9] **Buchstaben schreiben**

a) Hören Sie und schreiben Sie die Buchstaben.

51

② _isch

① Wein

③ _urst

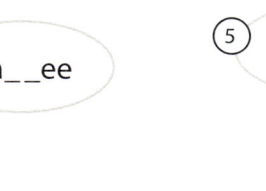 

④ _ase

⑦ Karto__eln

⑤ _ogel

⑥ Ka__ee

b) Lesen Sie vor.

Schöne heiße Suppe mit Reis

Frikative [z] – [s], [ʃ]

Ss	ß
Sch sch	
Sp sp	St st

1] So klingen *s-Laute* und *sch-Laut*
a) Hören Sie die Wörter und lesen Sie mit.
b) Hören Sie noch einmal und sprechen Sie mit.
c) Hören Sie noch einmal und sprechen Sie nach.

52

Buffet

Plosive	
stark gespannt (fortis)	schwach gespannt (lenis)
[s]	[z]
der Reis	die Suppe

[ʃ]
der Tisch
schön

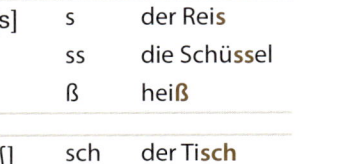
Suppe Reis

3] Tipps
● **Regeln** für Laut-Buchstaben-Beziehungen lernen (vgl. 2):
  – *s* am Wort- und Silbenanfang ist immer stimmhaft (*Suppe* [z]).
  – *s* am Wort- und Silbenende, *ss* und *ß* sind immer stimmlos (*Reis, heiß, Wasser* [s]) (vgl. 2).
  – *st* und *sp* am Wort- und Silbenanfang werden immer als [ʃp] (*Sport*) und als [ʃt] (*Stadt*) gesprochen.

● **Wörterbuch/Laut-Buchstaben-Tabelle:**
  Phonetisches Zeichen überprüfen:
  – bei Wörtern mit *s* ⇨ [s] in *Reis* oder [z] in *Suppe*.
  – bei Wörtern mit *st* und *sp* ⇨ [ʃt] in *Stadt*, aber [st] in *Osten*.

● **Aussprachetipps:**
  – Lenis-s [z] spricht man ungespannt und stimmhaft ⇨ wie Bienensummen (vgl. 4 b).
  – Bei [ʃ] wird die Zungenspitze umgebogen und die Lippen werden nach vorn gestülpt (vgl. 4 a).

2] Laut-Buchstaben-Beziehungen

[z]	s	die Suppe
[s]	s	der Reis
	ss	die Schüssel
	ß	heiß
[ʃ]	sch	der Tisch
	s(t)	die Stadt
	s(p)	der Sport

4] Laute üben

a) *sch-Laut* [ʃ] wie in *sch*ön:

Sch! Leise!!

Wir sprechen so:

Sch!

b) *s-Laute* [z] wie in **S**uppe und [s] wie in *Rei*s:

Wir sprechen so:
[z]: stimmhaft, schwach gespannt (lenis)

ssss – Supp**e**

ssss

Wir sprechen so:
[s]: stimmlos, stark gespannt (fortis)

ssss – Rei**s**

5] Wörter unterscheiden

a) Hören Sie die Wortpaare und lesen Sie mit.

53

	[s]	[z]			[z]/[s]	[ʃ]
1.	Rei**s**	Rei**s**e		2.	**s**o	**sch**ön
	hei**ß**	**S**uppe			Ta**ss**e	Ta**sch**e

b) Lesen Sie die Wortpaare vor.

6] Laute erkennen

54 **a)** Hören Sie und markieren Sie. Was hören Sie?

	[s]/[z]	[ʃ]
1.		X *Fisch*
2.		
3.		
4.		
5.		
6.		

b) Hören Sie mehrmals und schreiben Sie die Wörter in die Spalten.
c) Vergleichen Sie mit der Lösung (Seite 56) und lesen Sie die Wörter vor.

7] Städte sortieren

a) Schreiben Sie die Städte in die Tabelle (und suchen Sie diese auf der Landkarte).

> Dresden • Stuttgart • Rostock • Schwerin • Essen • Solingen

[ʃ] (fortis, stimmlos)	[z] (lenis, stimmhaft)	[s] (fortis, stimmhaft)
		Dresden

b) Lesen Sie vor.

55 **8] Emotional sprechen**

a) Hören Sie und lesen Sie mit.

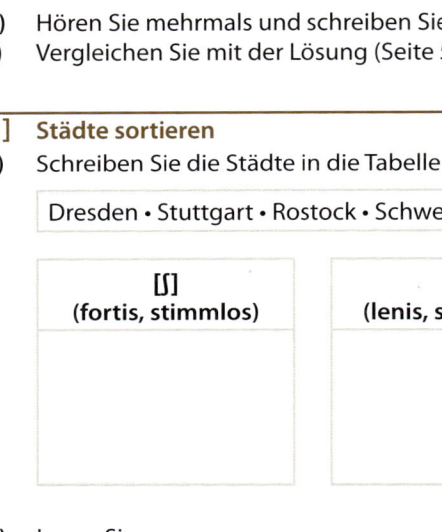

Die Suppe.
Oh! Heiß!

(1) Die Suppe. Oh! Heiß!
    Der Reis. Heiß!
    Die Wurst. Heiß!

(2) Die Stadt. Schön!
Der Sessel. Schön!

Der Sessel.
Schön!

(3) Die Tasche. Schick!
Das Haus. Schick!

Die Tasche.
Schick!

b) Hören Sie noch einmal und sprechen Sie nach.

c) Zeigen Sie auf etwas und sprechen Sie emotional: *Der Stuhl. Schön!*

55

9] **Buchstaben schreiben**

a) Hören Sie und schreiben Sie die Buchstaben.

56

① Wurst

② Fi_ _ _

③ _ _ _ü_ _el

④ _ _ _ere

⑤ _ _uhl

⑥ Ta_ _e

⑦ hei_

b) Lesen Sie vor.

Schritt [13]

Sechzig + acht = ?

Ch ch
Jj

Frikative *ich-Laut* [ç] und *ach-Laut* [x] und [j]

1] So klingen *ich-Laut* und *ach-Laut* und *j*

a) Hören Sie die Wörter und lesen Sie mit.

57 **b)** Hören Sie noch einmal und sprechen Sie mit.

c) Hören Sie noch einmal und sprechen Sie nach.

Ich rechne.

8+8 =
60+8 =

Frikative	
stark gespannt (fortis)	**schwach gespannt (lenis)**
ich-Laut [ç]	**[j]**
spre**ch**en	**j**a
i**ch**	
ach-Laut [x]	
a**ch**t	
die Spra**ch**e	

2] Laut-Buchstaben-Beziehungen

[j]	j	der **J**unge
[ç]	ch	spre**ch**en
	-(i)g	sech**zig**
[x]	ch	die Spra**ch**e

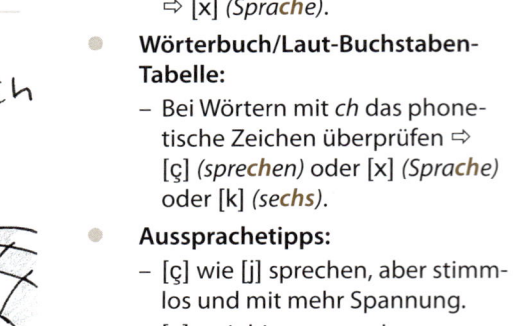

3] Tipps

● **Regeln** für Laut-Buchstaben-Beziehungen lernen (vgl. 2):

– *ch* nach *e, i, ä, ö, ü, ei, eu, l, n, r* und in *-chen* klingt hell ⇨ [ç] *(sprechen)*.

– *ch* nach *a, o, u, au* klingt dunkel ⇨ [x] *(Sprache)*.

● **Wörterbuch/Laut-Buchstaben-Tabelle:**

– Bei Wörtern mit *ch* das phonetische Zeichen überprüfen ⇨ [ç] *(sprechen)* oder [x] *(Sprache)* oder [k] *(sechs)*.

● **Aussprachetipps:**

– [ç] wie [j] sprechen, aber stimmlos und mit mehr Spannung.

- [x] weit hinten sprechen, es klingt wie Schnarchen (vgl. 4).

4] Laute üben

a) *ich-Laut* [ç] wie in *ich*:

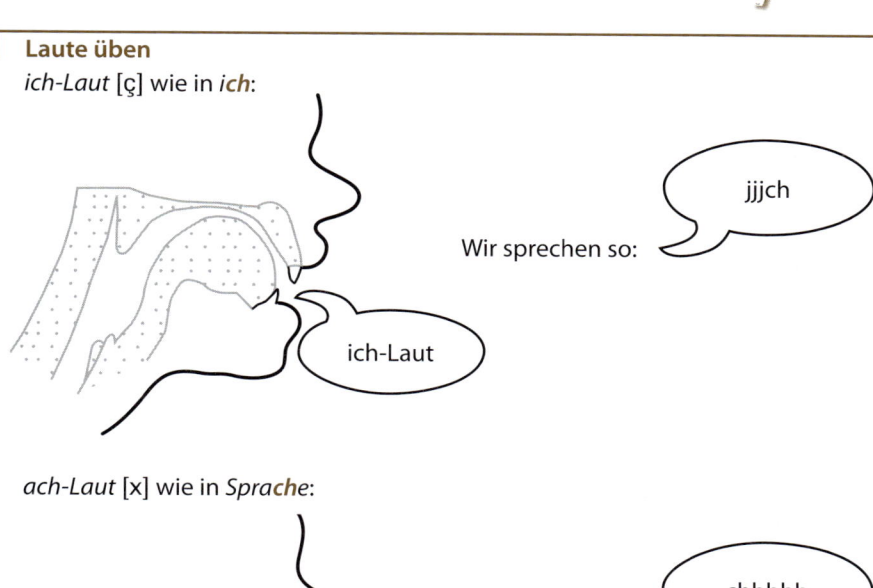

Wir sprechen so:

jjjch

ich-Laut

b) *ach-Laut* [x] wie in *Sprache*:

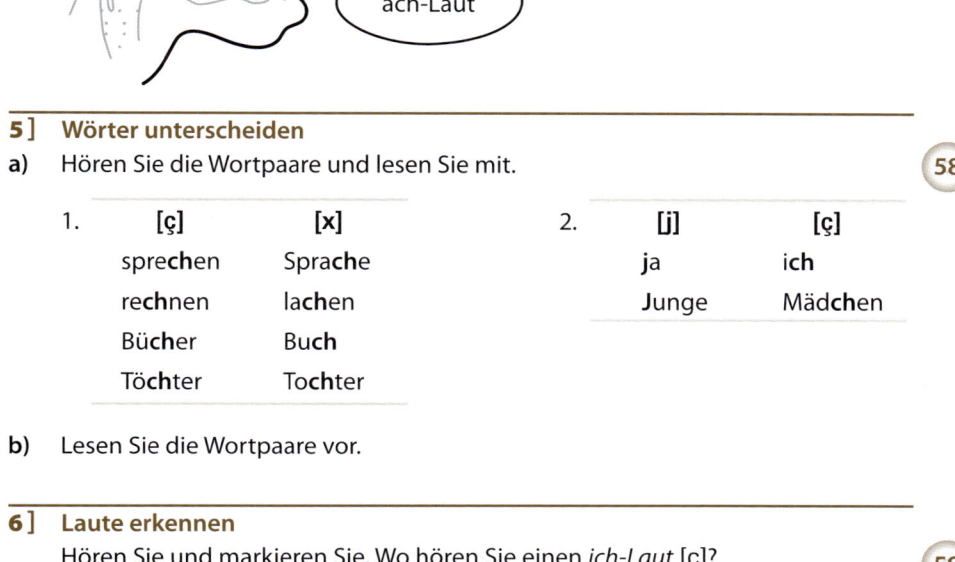

Wir sprechen so:

chhhhh

ach-Laut

5] Wörter unterscheiden

a) Hören Sie die Wortpaare und lesen Sie mit.　　　　　　　　　　58

1.	[ç]	[x]
	spre**ch**en	Spra**ch**e
	re**ch**nen	la**ch**en
	Bü**ch**er	Bu**ch**
	Tö**ch**ter	To**ch**ter

2.	[j]	[ç]
	ja	i**ch**
	Junge	Mäd**ch**en

b) Lesen Sie die Wortpaare vor.

6] Laute erkennen

Hören Sie und markieren Sie. Wo hören Sie einen *ich-Laut* [ç]?　　　59

dreißig • acht • nicht • schlecht • Mädchen • Junge • lachen

7] Wörter sortieren

a) Schreiben Sie die Wörter in die richtige Spalte.

Brötchen • Buch • Bücher • Tuch • Sprache

ich-Laute [ç]

ach-Laute [x]
Sprache

b) Lesen Sie vor.

8] Emotional sprechen

60 a) Hören Sie und lesen Sie mit.

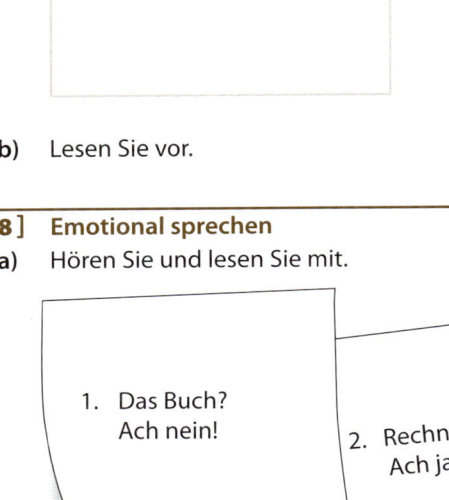

1. Das Buch?
   Ach nein!

2. Rechnen?
   Ach ja!

3. Brötchen?
   Ach nein!
   Ich nicht!

60 b) Hören Sie noch einmal und sprechen Sie nach.
c) Sprechen Sie emotional: *Ich nicht! Ach ja!*

9] Buchstaben schreiben

61 a) Hören Sie und schreiben Sie die Buchstaben.

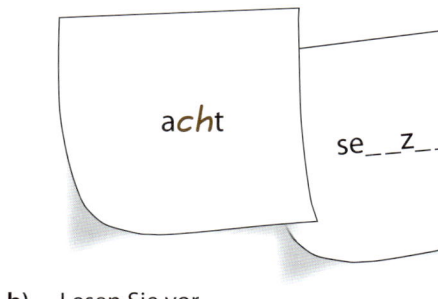

acht

se_ _z_ _

a_ _tz_ _

dreiß_ _

b) Lesen Sie vor.

[Schritt 14] Ein Bier für drei Euro

r-Laute [ʁ] (Frikativ) und [ɐ] (Vokal)

1] So klingen r-Laute

a) Hören Sie die Wörter und lesen Sie mit.

b) Hören Sie noch einmal und sprechen Sie mit.

c) Hören Sie noch einmal und sprechen Sie nach.

(62)

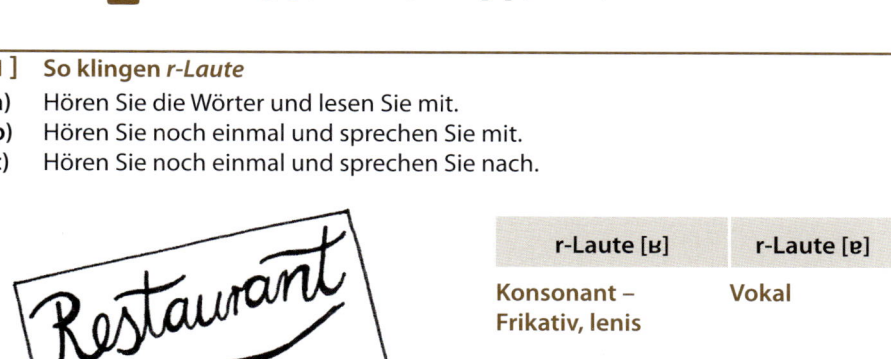

r-Laute [ʁ]	r-Laute [ɐ]
Konsonant – Frikativ, lenis	Vokal
das **R**estaurant d**r**ei de**r** Euro	das Bie**r** das Wass**er** **Ver**zeihung

2] Laut-Buchstaben-Beziehungen

[ʁ]	r	das **R**estaurant
	rr	der He**rr**

[ɐ]	r	das Bie**r**
	-er	das Wass**er**
	er-	**Ver**zeihung

3] Tipps

• **Regeln** für Laut-Buchstaben-Beziehungen lernen (vgl. 2):

  – r wird als Konsonant [ʁ] gesprochen: am Anfang von Wörtern und Silben *(Restaurant, drei)*, nach kurzem Vokal *(Schirm)* und für rr *(Herr)*.

  – r wird als Vokal gesprochen: nach langen Vokalen *(Bier)* und in er-/-er *(Wasser)* (vgl. Schritt 9).

• **Wörterbuch/Laut-Buchstaben-Tabelle:**

  – Bei Wörtern mit r das phonetische Zeichen überprüfen ⇨ [ʁ] *(drei)* oder [ɐ] *(Bier)*.

• **Aussprachetipps:**

  – [ʁ] klingt ähnlich wie der *ach*-Laut (vgl. 4 a) oder wie Gurgeln *(Rrrr!)*.

  – Konsonantisches *r* darf auch als Zungenspitzen-r gesprochen werden.

  – [ɐ] klingt wie ein ganz kurzes *a*.

4] Laute üben

a) *r-Laut* [ʁ] wie in *rot* (Konsonant):

Wir sprechen so:

Auch rot!

rrrr

b) *r-Laut* [ɐ] wie in *Bier* (Vokal):

Wir sprechen so:

Vie[ɐ] Bie[ɐ]!

5] Wörter unterscheiden

(63) **a)** Hören Sie die Wortpaare und lesen Sie mit.

1.	[ʁ]	[ɐ]
	Ohren	Ohr
	Uhren	Uhr
	Biere	Bier
	Herr	er

2.	[ʁ]	[l]
	Reise	leise
	Rand	Land

b) Lesen Sie die Wortpaare vor.

6] Laute erkennen

(64) Hören Sie und streichen Sie durch. Wo hören Sie das *r* nicht?

er • rot • Brot • vier • Bier • Butter • Brief • Schere

7] Städte sortieren

a) Schreiben Sie die Städte in die richtige Spalte (und suchen Sie diese auf der Landkarte).

Dresden • Bremen • Münster • Rostock • Gera • Hamburg • Lehrte

r-Laute [ʁ]	r-Laute [ɐ]
Dresden	

b) Lesen Sie vor.

8] Emotional sprechen

a) Hören Sie und lesen Sie mit.

65

A: Herr Ober. Ein Bier bitte!

B: Hier bitte!

A: Und ein Wasser.

B: Ja, gern.

A: Drei Brötchen mit Wurst.

B: Hier bitte.

A: Wie viel kostet das?

B: Hm. Dreizehn Euro dreißig!

A: Was, so teuer?

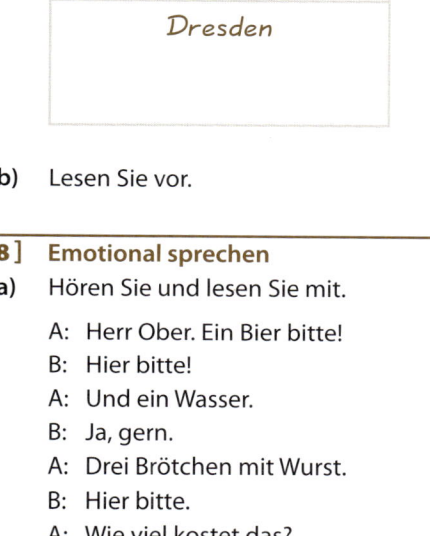

b) Hören Sie noch einmal und sprechen Sie nach.   65

c) Lesen Sie zu zweit.

d) Sprechen Sie emotional zu zweit: *A: Ein Wasser. – B: Ja, gern!*

9] Buchstaben schreiben

a) Hören Sie und schreiben Sie die Buchstaben.   66

Bie_: d_ei Eu_o

Wass__: vie_ Eu_o

_otwein: d_eizehn Eu_o

Wu_st mit B_ot: d_rei Eu_o

b) Lesen Sie vor.

Schritt 15 — Zeitung lesen

ang-Laut [ŋ] und [m], [n], [l]

Mm	ng
Nn	nk
Ll	

1] So klingen *ang-Laut* und *m, n, l*

(67) **a)** Hören Sie die Wörter und lesen Sie mit.
b) Hören Sie noch einmal und sprechen Sie mit.
c) Hören Sie noch einmal und sprechen Sie nach.

ang-Laut [ŋ]	Ju**ng**e
	Zeitu**ng**
[m]	**M**ann
	Ka**mm**
[n]	Ma**nn**
	nein
[l]	**l**esen
	Ba**ll**

2] Laut-Buchstaben-Beziehungen

[ŋ]	ng	der Ju**ng**e
	n(k)	die Ba**n**k
[m]	m	der **M**ann
	mm	der Ka**mm**
[n]	n	**n**ein
	nn	der Ma**nn**
[l]	l	**l**esen
	ll	der Ba**ll**

3] Tipps

● **Regeln** für Laut-Buchstaben-Beziehungen lernen, besonders für [ŋ] (vgl. 2).

● **Aussprachetipps:**
– [ŋ] immer ohne [g] oder [k] sprechen (vgl. 4).
– [l] immer weich und ungespannt sprechen.

4] Laute üben

ang-Laut [ŋ] wie in Ju**ng**e:

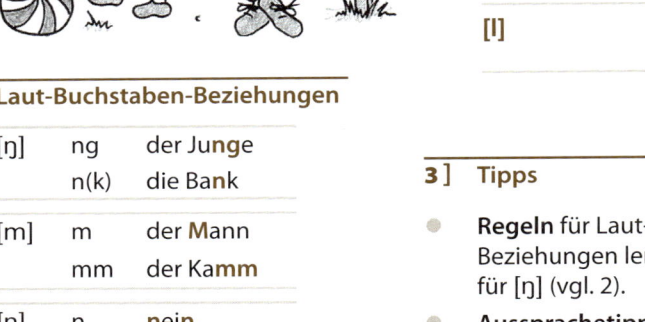

Wir sprechen ganz locker:

ang

ang

5] Wörter unterscheiden

a) Hören Sie die Wortpaare und lesen Sie mit. (68)

[ŋg]/[ŋk]	[ŋ]
Ingo	Inge
Bank	lang
trinken	singen

b) Lesen Sie die Wortpaare vor.

6] Laute erkennen

a) Hören und markieren Sie: Wo hören Sie den *ang*-Laut [ŋ]? (69)

	Wo hören Sie den *ang*-Laut [ŋ]?
1.	
2.	
3.	
4.	

b) Hören Sie mehrmals und schreiben Sie die Wörter auf.
c) Vergleichen Sie mit der Lösung (Seite 58) und lesen Sie die Wörter vor.

7] Emotional sprechen

(70)

a) Hören Sie und lesen Sie mit.

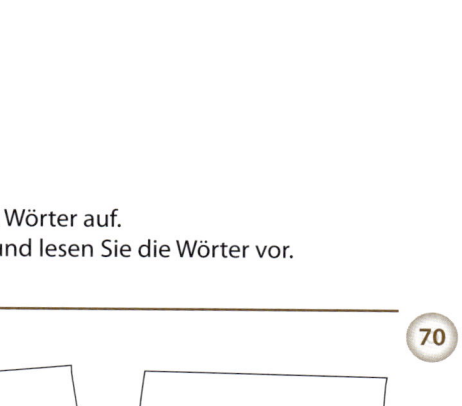

1. Verzeihung!
   Achtung!

2. Leise!

3. Nein!
   Komm!

b) Hören Sie noch einmal und sprechen Sie nach. (70)
c) Sprechen Sie emotional mit Gesten: *Achtung!*

8] Buchstaben schreiben

a) Hören Sie und schreiben Sie die Buchstaben. (71)

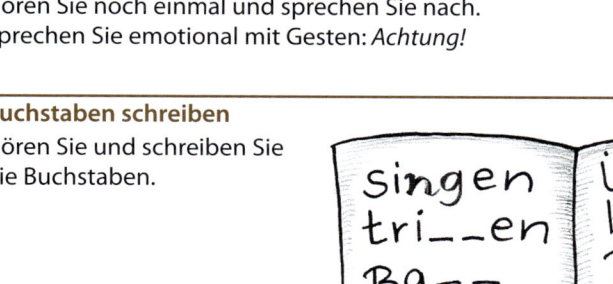

singen übu__
tri__en Ka__
Ba__ Bri__e
la__

b) Lesen Sie vor.

[Schritt 16] Anna aus Essen und Hanna aus Hessen

Hh

Vokalneueinsatz und [h]

1] So klingen *h-Laut* und Vokalneueinsatz

(72) **a)** Hören Sie die Wortpaare und lesen Sie mit.
   b) Hören Sie noch einmal und sprechen Sie mit.
   c) Hören Sie noch einmal und sprechen Sie nach.

[h]	ohne [h] mit Vokalneueinsatz [?] – Knacklaut
Hanna	Anna
Hessen	Essen
Haus	aus

Hanna aus Hessen

Anna aus Essen

im Mai

verbunden	mit Vokalneueinsatz
im Mai	im Ei

im Ei

2] Laut-Buchstaben-Beziehungen

[h]	h	das Haus
[?]	–	aus

3] Tipps

- **Regeln** für Laut-Buchstaben-Beziehungen lernen (vgl. 2):
  - *h* wird nur vor Vokal gesprochen *(Haus)*.
  - *h* nach Vokal bleibt stumm *(sehen)*, nur der Vokal wird dadurch lang.
  - Vokale am Anfang von Wörtern und Silben werden mit einem Knacklaut [?] gesprochen *(Anna)*.

- **Aussprachetipps:**
  - Knacklaut [?] vor Vokal mit Spannung produzieren, dazu eine Geste mit der Hand machen (vgl. 4 a).
  - [h] ganz weich sprechen wie leises Hauchen oder Lachen (vgl. 4 b).
  - [h] darf nicht wie [x] klingen.

4] Laute üben

a) Vokalneueinsatz wie in *Anna*:

Wir sprechen so:

Aa, Ee, Ii, Oo, Uu!

b) [h] wie in *Hanna*:

Wir sprechen so:

Ha, he!

oder so:

Hahaha!

5] Wörter unterscheiden

a) Hören Sie die Wortpaare und lesen Sie mit. `73`

1.	[h]	[?] (ohne [h])		2.	verbunden	[?]
	Haus	**a**us			im **M**ai	im **Ei**
	Hessen	**E**ssen			von **N**ina	von **I**na
	Halle	**a**lle				
	Hände	**E**nde				

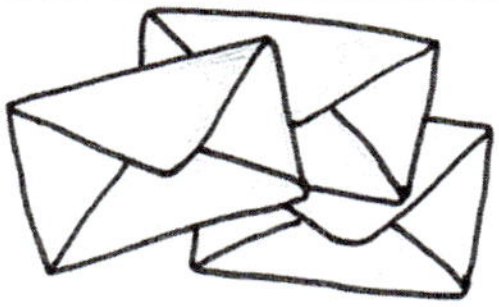

b) Lesen Sie die Wortpaare vor.

6] Laute erkennen

a) Hören Sie und markieren Sie. Wo hören Sie den Knacklaut [?]? `74`

	Wo hören Sie [?]?
1.	X
2.	
3.	
4.	
5.	
6.	

b) Hören Sie mehrmals und schreiben Sie die Wörter.
c) Lesen Sie vor.

7] **Wörter suchen**

a) Suchen Sie auf der Landkarte fünf Städte mit einem *h-Laut* und schreiben Sie diese auf.

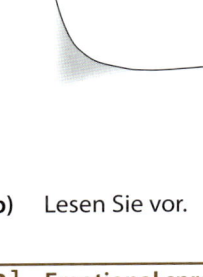
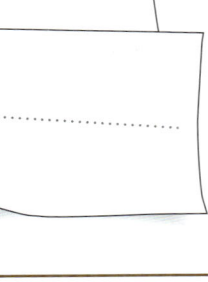

1. ....

2. ....

3. ....

4. ....

5. ....

b) Lesen Sie vor.

8] **Emotional sprechen**

75 **a)** Hören Sie und lesen Sie mit.

1. Hallo!
   Hallo!

2. Hier!
   Hierher!

3. Ich heiße
   Hanna.

4. Wie heißt
   du?

75 **b)** Hören Sie noch einmal und sprechen Sie nach.

c) Sprechen Sie emotional mit Gesten: *Hallo!*

9] **Buchstaben schreiben**

76 **a)** Hören Sie und schreiben Sie die Buchstaben.

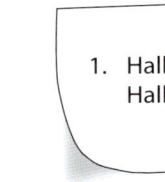

a   Ha

*Ha*lle

He   E

_ _ssen

Hau   au

_ _ _s

Hä   E

_ _nde

b) Lesen Sie vor.

Konsonantenverbindungen [ts], [ks], [kv̥], [pf]

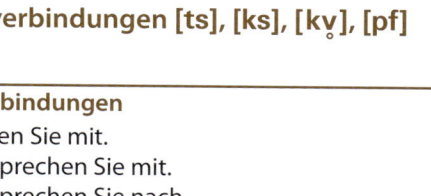

Zz	Qu qu
Xx	
Pf pf	

1]   So klingen Konsonantenverbindungen

a)   Hören Sie die Wörter und lesen Sie mit.

b)   Hören Sie noch einmal und sprechen Sie mit.

c)   Hören Sie noch einmal und sprechen Sie nach.

(77)

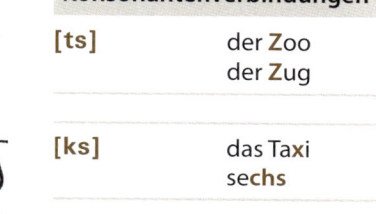

Konsonantenverbindungen	
[ts]	der **Z**oo
	der **Z**ug
[ks]	das Ta**x**i
	se**chs**
[pf]	der To**pf**
	der Kno**pf**
[kv̥]	das **Qu**adrat
	quer

2]   Laut-Buchstaben-Beziehungen

[ts]	z	der **Z**oo
	zz	die Pi**zz**a
	tz	der Pla**tz**
	ts	rech**ts**
	-t(ion)	die Lek**t**ion
[ks]	x	das Ta**x**i
	chs	se**chs**
	ks	lin**ks**
	gs	monta**gs**
[kv̥]	qu	**Qu**adrat
[pf]	pf	To**pf**

3]   Tipps

● **Regeln** für Laut-Buchstaben-Beziehung lernen, v. a. für [ts] und [ks] (vgl. 2).

● **Aussprachetipps:**

– Beide Konsonanten der Verbindung müssen komplett ausgesprochen werden.

– Zwischen beide Konsonanten darf kein Vokal eingeschoben werden, also: *rechts* und nicht *rechtes*.

– [ts]: Erst Wörter mit [t] üben *(recht)*, dann ein [s] anhängen *(rechts)*.

– [ks]: Erst Wörter mit [k] üben *(Montag)*, dann ein [s] anhängen *(montags)* (vgl. 4).

4] Laute üben

a) [ts] wie in *rechts*:

recht   s
recht s
rechts

Wir sprechen so:

b) [ks] wie in *links*:

link   s
link s
links

Wir sprechen so:

5] Wörter unterscheiden

78 a) Hören Sie die Wortpaare und lesen Sie mit.

1.

[z/t]	[ts]
so	Zoo
recht	rechts
Kurt	kurz

2.

[k]	[ks]
Montag	montags
Sonntag	sonntags
Dienstag	dienstags

3.

[f]	[pf]
Koffer	Kopf
Koffer	Knopf

b) Lesen Sie die Wortpaare vor.

6] Wörter erkennen

79 a) Hören und markieren Sie. Wo hören Sie das Wort?

	Wo hören Sie …	1. Wort	2. Wort
1.	Zoo		X
2.	rechts		
3.	montags		
4.	dienstags		
5.	Kopf		
6.	quer		

b) Lesen Sie die Wörter in der linken Spalte vor.

7] Städte sortieren

a) Schreiben Sie die Städte in die richtige Spalte (und suchen Sie diese auf der Landkarte).

Leipzig • Mainz • Querfurt • Zwickau • Bopfingen • Xanten • Nixdorf

[ts]	[ks]	[kv̥]	[pf]
Leipzig			

b) Lesen Sie vor.

8] Emotional sprechen

a) Hören Sie und lesen Sie mit. 80

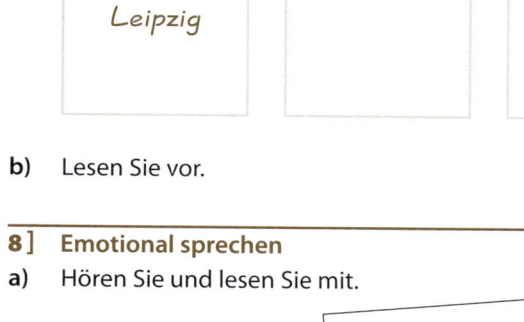

1. Die Pizza?
   Links.

2. Die Zeitung?
   Rechts.

3. Der Topf?
   Links.

4. Der Zug?
   Links.

5. Das Flugzeug?
   Rechts.

6. Das Quadrat?
   Rechts.

b) Hören Sie noch einmal und sprechen Sie nach. 80
c) Sprechen Sie emotional mit Gesten: *Hier links. Da rechts.*

9] Buchstaben schreiben

a) Hören Sie und schreiben Sie die Buchstaben. 81

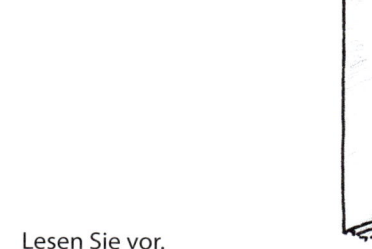

_wei
se___
_ehn
_wölf
rech__

Lin__
Bli__
_ählen
Ko__
__alität

b) Lesen Sie vor.

1] Vokale

82 **a)** Hören Sie die Wörter und lesen Sie mit.
b) Hören Sie noch einmal und sprechen Sie nach.

a-Laute			
[aː]	A	a	Nase
	Aa	aa	Staat
	Ah	ah	Zahn
[a]	A	a	Hand

e-Laute			
[eː]	E	e	Regen
		ee	Tee
	Eh	eh	sehr
[ɛː]	Ä	ä	Mädchen
	Äh	äh	zählen
[ɛ]	E	e	Sessel
	Ä	ä	Ärztin
[ə]		-e	Jacke
		e-	Gewitter
[ɐ]		-er	Gewitter
		er-	Verzeihung

i-Laute			
[iː]	I	i	Berlin
		ie	Brief
		ih	ihr
		y	Handy
[ɪ]	I	i	Insel

o-Laute			
[oː]	O	o	Vogel
	Oh	oh	Ohr
		oo	Boot
[ɔ]	O	o	Kopf

u-Laute			
[uː]	U	u	Fuß
	Uh	uh	Uhr
[ʊ]	U	u	Puppe

ö-Laute			
[øː]	Ö	ö	Öl
	Öh	öh	fröhlich
[œ]	Ö	ö	Löffel

ü-Laute			
[yː]	Ü	ü	Süden
	Üh	üh	Fühler
	Y	y	typisch
[ʏ]	Ü	ü	München
	Y	y	Ypsilon

Diphthonge			
[aɔ]	Au	au	Haus
[ɔœ]	Äu	äu	Häuser
	Eu	eu	neu
[aɛ]	Ai	ai	Mai
	Ei	ei	Kleid

2] Konsonanten

a) Hören Sie die Wörter und lesen Sie mit.

b) Hören Sie noch einmal und sprechen Sie nach.

83

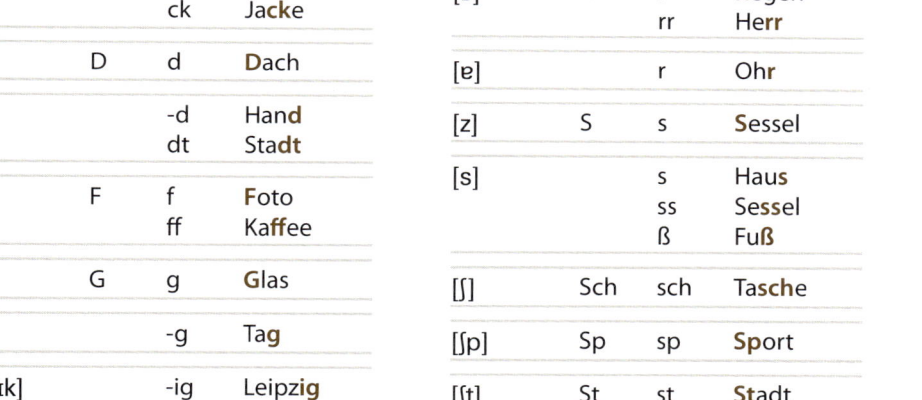

Laute	Buchstaben		Beispiele	Laute	Buchstaben		Beispiele
[b]	B	b	**B**on**b**on	[n]	N	n	**N**ase
		bb	Ho**bb**y			nn	Ma**nn**
[p]		-b	gel**b**	[ŋ]		ng	Ju**ng**e
[k]	C	c	**C**omputer	[ŋk]		nk	Ba**nk**
[ts]			**C**D	[p]	P	p	**P**uppe
[ç]	Ch	ch	spre**ch**en			pp	Pu**pp**e
[x]			Spra**ch**e	[kv̯]	Q	q	**Q**uadrat
[ks]		chs	se**chs**	[ʁ]	R	r	**R**egen
[k]		ck	Ja**ck**e			rr	He**rr**
[d]	D	d	**D**ach	[ɐ]		r	Oh**r**
[t]		-d	Han**d**	[z]	S	s	**S**essel
		dt	Sta**dt**	[s]		s	Hau**s**
[f]	F	f	**F**oto			ss	Se**ss**el
		ff	Ka**ff**ee			ß	Fu**ß**
[g]	G	g	**G**las	[ʃ]	Sch	sch	Ta**sch**e
[k]		-g	Ta**g**	[ʃp]	Sp	sp	**Sp**ort
[ɪç/ɪk]		-ig	Leipz**ig**	[ʃt]	St	st	**St**adt
[ks]		-gs	montag**s**	[t]	T	t	**T**üte
[h]	H	h	**H**ahn			tt	Gewi**tt**er
–		h	O**h**r			Th	**Th**eater
[j]	J	j	**J**unge	[ts]		-tion	Lek**tion**
[k]	K	k	**K**opf			ts	rech**ts**
[ks]		ks	lin**ks**			tz	Ärz**t**in
[l]	L	l	**L**eipzig	[f]	V	v	**V**ogel
		ll	Ba**ll**	[v]			**V**isum
[m]	M	m	**M**ann	[v]	W	w	**W**olke
		mm	Ka**mm**	[ks]	X	x	Ta**x**i
				[ts]	Z	z	**Z**ahn
						zz	Pi**zz**a

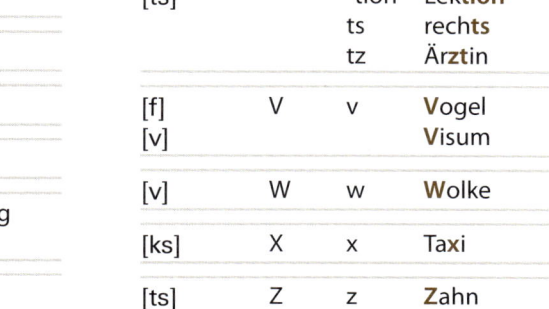

[A1] Anhang 1

Lösungen

Schritt 1

1a (2) Guten Morgen, liebe Zuhörer! Heute ist Montag, der erste Oktober.
München: Das Oktoberfest meldet Besucherrekord. Die Besucher werden gebeten, nicht mit dem Auto zu fahren. Kommen Sie mit der Bahn. Tickets zum halben Preis im Zug.
Köln: Erlebnishotel mit Café am Kölner Dom öffnet am 9. November.
Leipzig: …

5a (4) 1. Hotel, 2. Oktober, 3. Ola, 4. Kaffee, 5. Oktober, 6. Hotel, 7. Auto, 8. Hallo

Schritt 2

3d TAXI, SPORT, ADRESSE, THEATER

4b (8) (2) LEIPZIG, (1) BERLIN, (3) MÜNCHEN, (5) WOLFSBURG, (4) HAMBURG

5a 1 Berlin, 2 Leipzig, 3 München, 4 Hamburg, 5 Wolfsburg

6b Tee – [te:], Sport – [ʃpɒʁt], Taxi – [tˈaksi:], München – [mˈʏnçən], Adresse – [adʁˈɛsə]

Schritt 3

1a (10) 1. Hotel, 2. Auto, 3. Bus, 4. Flugzeug, 5. Flughafen, 6. Zug

1b **1 Silbe:** 3. Bus, 6. Zug; **2 Silben:** 1. Hotel, 2. Auto, 4. Flugzeug; **3 Silben:** 5. Flughafen

2a (11) HM: Zug, Bus, Bonn, Köln
HM-hm: Flug-zeug, Au-to, Leip-zig, Mün-chen
HM-hm-hm: Flug-ha-fen, Au-to-bahn, Re-gens-burg
hm-HM: Ho-tel, Pi-lot, Ber-lin, Schwe-rin
hm-HM-hm: A-dres-se, The-a-ter, Saar-brü-cken
hm-hm-HM: Pa-der-born

5b ●•: 2. Bahnhof, 4. Straße
●•• : 1. Fahrkarte, 3. Tankstelle, 6. Bielefeld
•●• : 5. Museum

Schritt 4

5 1. Hallo? (↗), 2. Hallo. (➜), 3. Hallo! (↘), 4. Wie heißt du? (↗), 5. Ich heiße Tim. (↘), 6. Wie geht es dir? (↗), 7. Danke (➜), 8. Gut. (↘)

Schritt 5

4a 1. Nase – Vase, 4. Tasche – Flasche, 5. Schrank – Bank, 7. Bild – Schild, 8. Knopf – Kopf, 10. Buch – Tuch

4b 1. Nase – Vase, 2. Tasche – Flasche, 3. Schrank – Bank, 4. Bild – Schild, 5. Knopf – Kopf, 6. Buch – Tuch

5a Guten Morgen! Guten Tag! Guten Abend! Gute Nacht! Hallo! Auf Wiedersehen! Tschüss!

6a die Sprache, die Tafel, die Schere, das Heft, der Zoo, der Koffer, die Uhr, der Kurs

Schritt 6

5b **lang: e-Laute:** Tee, Erde
i-Laute: Bier
kurz: e-Laute: Wetter, Männer, schlecht
i-Laute: Schirm, Blitz

6 Regen, Schnee, Schirm, Mädchen, Bier, vier, Tee, Schere, Heft, sieben

5c Flugzeug, Fahrkarte, Auto, Adresse, Tankstelle, Flughafen, Hotel, Autobahn, Pilot, Museum, Leipzig, Berlin

5e (13) HM-hm: Flug-zeug, Au-to
hm-HM: Ho-tel, Pi-lot
HM-hm-hm: Fahr-kar-te, Tank-stel-le, Flug-ha-fen, Au-to-bahn
hm-HM-hm: Ad-re-sse, Mu-se-um

6a **Kontinente:** Eu-ro-pa, A-fri-ka, A-si-en, A-me-ri-ka, Au-stra-li-en
Länder: Deutsch-land, Ö-ste-reich, Schweiz, I-ta-li-en, Russ-land, Tür-kei, Po-len, I-rak, Chi-na
Städte: Leip-zig, Dres-den, Ham-burg, Ros-tock, Ber-lin, Salz-burg, Lu-zern

7a (1) A: Wie geht es dir?
B: Mir geht es gut.
(2) A: Wie geht es Ihnen?
B: Mir geht es schlecht.
A: Wie bitte?
B: Mir geht es sehr schlecht.

8a Wetter: schlecht, Regen, Schnee
Mir geht es sehr gut!

Schritt 7

5a/b (1) **ö- und ü-Laute: lang – kurz**
Brötchen – Löffel,
Müsli – Schüssel
(2) **o- und u-Laute:** Ohr – Uhr,
Zoo – zu
(3) **o- und ö-Laute:** Brot – Brötchen,
Topf – Töpfe
(4) **e- und ö-Laute:** See – Söhne,
Schnee – schön
(5) **u- und ü-Laute:** Buch – Bücher,
Wurst – Würstchen
(6) **i- und ü-Laute:** Schirm – Schüssel,
sieben – Stühle

6 Ohr, Topf, Brot, Brötchen, Löffel, Wurst,
Schüssel, Stühle, Uhr, Buch, Bücher, Stuhl

7b 1. Schön!, 2. So schön!, 3. Schön, schön!,
4. Sehr schön!, 5. Gut!, 6. So gut!, 7. Sehr
gut!, 8. Na gut!

8a Butter, Cola, fünf Bücher, zwölf Brötchen,
ein Brot, Wurst, eine Uhr

Schritt 8

5a **ei-Laute [aɛ]:** nein, Kleid, dreizehn
au-Laute [aɔ]: Auto, kaufen
eu-Laute [ɔœ]: neun, Euro, teuer

6 eins, zwei, drei, neun, Häuser, Auto, Kleid,
Haus, Euro, Wein

8a Heute, zweiter Mai; Wein: zwei Euro;
Auto: drei Euro; Kleid: neun Euro

Schritt 9

5b (37) 1. bitte, 2. bitter,
3. bitter, 4. bitte

6b (1) A: Das Wasser. Bitte!
B: Danke! Vielen Dank!
(2) A: Guten Tag! Wie heißen Sie?
B: Ich heiße Peter.

(3) A: Guten Morgen.
Sprechen Sie Deutsch?
B: Ja, ein bisschen.

7a Bitte!, Guten Morgen!, Guten Tag!, Hallo
Peter!

Schritt 10

6 (43) [k]? – 1. Wort
Köln, Gera, Trier

[p]? – 2. Wort
Berlin, Potsdam, Bonn

[d]? – 1. Wort
Dresden, Rostock, Fürth

[g]? – 3. Wort
Kassel, Köln, Gera

8b (44) 1. [k]omm! [k]omm [b]i[t]e!
[k]omm [d]och [b]i[t]e!
2. [g]eh! [g]eh [b]i[t]e!
[g]eh [d]och [b]i[t]e!
3. [b]lei[p]! [b]lei[p] [b]i[t]e!
[b]lei[p] [d]och [b]i[t]e!

9a Berlin, Köln, Trier, Bonn, Gera, Dresden,
Rostock, Deutschland

Schritt 11

6a 1. Wein, 2. Bein, 3. fein, 4. Wein

7a [f]: Vogel, Vater
[v]: Vokal, Visum, Klavier

9a 1. Wein, 2. Fisch, 3. Wurst, 4. Vase, 5. Vo-
gel, 6. Kaffee, 7. Kartoffeln

Schritt 12

6a/b (54) [s]/[z]: 2. Tasse, 6. sieben
[ʃ]: 1. Fisch, 3. Schere, 4. Tasche,
5. Stadt

7a [ʃ]: Stuttgart, Schwerin
[z]: Solingen
[s]: Dresden, Rostock, Essen

9a 1. Wurst, 2. Fisch, 3. Schüssel, 4. Schere,
5. Stuhl, 6. Tasse, 7. heiß

Schritt 13

6 dreißig, acht, nicht, schlecht, Mädchen,
Junge, lachen

7a **ich-Laute [ç]:** Brötchen, Bücher
ach-Laute [x]: Buch, Tuch, Sprache

9a acht, sechzig, achtzig, dreißig

Schritt 14

6 er, rot, Brot, vier, Bier, Butter, Brief, Schere

7a **r-Laute [ʁ]:** Dresden, Bremen, Rostock, Gera, Hamburg

r-Laute [ɐ]: Münster, Lehrte

9a Bier: drei Euro
Wasser: vier Euro
Rotwein: dreizehn Euro
Wurst mit Brot: drei Euro

Schritt 15

6a/b (69) 1. Mann, 2. Übung, 3. Zeitung, 4. Finger

8a singen, trinken, Bank, lang, Übung, Kamm, Brille

Schritt 16

6a/b (74) 1. Anna, 2. aus, 3. Hessen, 4. Haus, 5. Essen, 6. Hanna

7a **(Lösungsbeispiel):** Halle, Hameln, Heidelberg, Heilbronn, Hannover

9a Halle, Essen, Haus, Ende

Schritt 17

6 (79)	Wo hören Sie …	1. Wort	2. Wort
	1. Zoo	so	Zoo
	2. rechts	rechts	Recht
	3. montags	Montag	montags
	4. dienstags	dienstags	Dienstag
	5. Kopf	Koffer	Kopf
	6. quer	Kehr!	quer

7a [ts]: Leipzig, Mainz, Zwickau
[ks]: Xanten, Nixdorf
[kv̥]: Querfurt
[pf]: Bopfingen

9a zwei, sechs, zehn, zwölf, rechts, links, Blitz, zählen, Kopf, Qualität

Wörter

		Englisch	Ihre Sprache
Ach!	[ax]	Oh!	
acht	[axt]	eight	
achtzehn	[ˈaxttseːn]	eighteen	
die Adresse	[adʁˈɛsə]	address	
Afrika	[ˈaːfʁikaː] (Kontinent)	Africa (continent)	
alle	[ˈalə]	all; everybody	
Amerika	[amˈeːʁikaː] (Kontinent)	America (continent)	
Anna	[ˈanaː] (Vorname)	Anna (personal name)	
der Arm	[aʁm]	arm	
die Ärztin	[ˈɛʁtstɪn]	doctor (a woman)	
Asien	[ˈaːziən] (Kontinent)	Asia (continent)	
Au!	[aɔ]	Ow!	
aus	[aɔs]	from	
Australien	[aɔstʁaːliən] (Kontinent)	Australia (continent)	
das Auto	[ˈaɔtoː]	car	
die Autobahn	[ˈaɔtoːbaːn]	highway	
der Bahnhof	[ˈbaːnhoːf]	train station	
der Ball	[bal]	ball	
die Bank	[baŋk]	bank; bench	
das Bein	[baɛn]	leg	
Berlin	[bɛʁˈliːn] (Stadt)	Berlin (capital city of Germany)	
der Besuch	[bəˈzuːx]	visit	
Bielefeld	[bˈiːləfɛlt] (Stadt)	Bielefeld (city in Germany)	
das Bier	[biːɐ]	beer	
die Biere	[bˈiːʁə] (Pl. von: das Bier)	beers	
das Bild	[bɪlt]	picture	
bitte	[bˈɪtə]	please, you're welcome	
bitter	[bˈɪte]	bitter	
der Blitz	[blɪts]	lightning	
die Blume	[bˈluːmə]	flower	
die Blumen	[bˈluːmən] (Pl. von: die Blume)	flowers	
das Bonbon	[bɔŋbˈɔŋ]	candy	
Bonn	[bɔn]	Bonn (city in Germany)	
das Boot	[boːt]	boat	
Bopfingen	[bˈɔpfɪŋən] (Stadt)	Bopfingen (city in Germany)	
Bremen	[bʁˈeːmən] (Stadt)	Bremen (city in Germany)	
der Brief	[bʁiːf]	letter (to be sent in the mail)	
die Brille	[bʁˈɪlə]	glasses	
das Brot	[bʁoːt]	bread	
das Brötchen	[bʁˈøːtçən]	(bread) roll	
das Buch	[buːx]	book	
die Bücher	[bˈyːçɐ] (Pl. von: das Buch)	books	

		Englisch	Ihre Sprache
die Buchstaben	[bˈuːxʃtaːbm̩] (Pl. von Buchstabe)	letters (to spell words)	
der Bus	[bʊs]	bus	
die Butter	[bˈʊtɐ]	butter	
China	[çˈiːnaː] (Land)	China (country)	
der Clown	[klaɔn]	clown	
die Cola	[kˈoːlaː]	cola, soda	
der Computer	[kɔmpjˈuːtɐ]	computer	
das Dach	[dax]	roof	
danke	[dˈaŋkə]	thank you	
das Datum	[dˈaːtʊm]	date (on a calendar)	
der Dienstag	[dˈiːnstaːk]	Tuesday	
dienstags	[dˈiːnstaːks]	(on every) Tuesday	
drei	[dʁaɛ]	three	
dreißig	[dʁˈaɛsɪç], [...ɪk]	thirty	
dreizehn	[dʁˈaɛtseːn]	thirteen	
Dresden	[dʁˈeːsdn̩] (Stadt)	Dresden (city in Germany)	
das Eis	[aɛs]	ice cream	
das Ende	[ˈɛndə]	end	
er	[eːɐ]	he	
die Erde	[ˈeːɐdə]	Earth; dirt	
Essen	[ˈɛsn̩] (Stadt)	Essen (city in Germany)	
der Euro	[ˈɔœʁoː]	Euro	
Europa	[ɔœʁˈoːpaː] (Kontinent)	Europe (continent)	
die Fahrkarte	[fˈaːɐkaɐtə]	ticket (for transportation only)	
fein	[faɛn]	fine (adj.)	
der Fisch	[fɪʃ]	fish	
die Flasche	[flˈaʃə]	bottle	
der Flughafen	[flˈuːkhaːfn̩]	airport	
das Flugzeug	[flˈuːktsɔœk]	airplane	
das Foto	[fˈoːtoː]	photo, photograph	
die Frau	[fʁaɔ]	woman; wife	
fröhlich	[fʁˈøːlɪç]	cheerful	
der Fühler	[fˈyːlɐ]	antenna (on an insect)	
fünf	[fʏnf]	five	
für	[fyːɐ]	for	
der Fuß	[fuːs]	foot	
der Garten	[gˈaɐtn̩]	garden; yard	
gelb	[gɛlp]	yellow	
das Geld	[gɛlt]	money	
Gera	[gˈeːʁaː] (Stadt)	Gera (city in Germany)	
gern	[gɛɐn]	gladly	
das Gewitter	[gəvˈɪtɐ]	(thunder)storm	
das Glas	[glaːs]	glass	
gut	[guːt]	good	
der Hahn	[haːn]	cock	
Halle	[hˈalə] (Stadt)	Halle (city in Germany)	

		Englisch	Ihre Sprache
hallo	[hˈaloː]	hello	
Hamburg	[hˈambʊʁk] *(Stadt)*	Hamburg *(city in Germany)*	
die Hand	[hant]	hand	
die Hände	[hˈɛndə] *(Pl. von: die Hand)*	hands	
Handy	[hˈɛndiː]	cell phone	
Hanna	[hˈanaː] *Vorname*	Hanna(h) *(personal name)*	
das Haus	[haɔs]	house; building	
die Häuser	[hˈɔøze] *(Pl. von: das Haus)*	houses; buildings	
das Heft	[hɛft]	exercise book	
heiß	[haɛs]	hot	
der Herr	[hɛʁ]	*(gentle)*man; Lord	
Hessen	[hˈɛsn̩] *(Bundesland)*	Hesse *(state/province in Germany)*	
heute	[hˈɔøtə]	today	
hier	[hiːɐ]	here	
hierher	[hˈiːɐheːɐ]	here *(implied motion towards here)*	
das Hobby	[hˈɔbiː]	hobby	
das Hotel	[hotˈɛl]	hotel	
ich	[ɪç]	I	
ihr	[iːɐ]	you *(pl. informal)*	
Ina	[ˈiːnaː] *(Vorname)*	Ina *(personal name)*	
Inge	[ˈɪŋə] *(Vorname)*	Inge *(personal name)*	
Ingo	[ˈɪŋgoː] *(Vorname)*	Ingo *(personal name)*	
die Insel	[ˈɪnzl̩]	island	
der Irak	[iʁˈaːk] *(Land)*	Iraq *(country)*	
Italien	[itˈaːliən] *(Land)*	Italy *(country)*	
ja	[jaː]	yes	
die Jacke	[jˈakə]	jacket	
der Junge	[jˈʊŋə]	boy	
der Kaffee	[kˈafeː]	coffee	
der Kamm	[kam]	comb	
die Karte	[kˈaʁtə]	card; map	
die Karten	[kˈaʁtn̩] *(Pl. von: die Karte)*	cards; maps	
die Kartoffeln	[kaʁtˈɔfln̩] *(Pl. von: die Kartoffel)*	potatoes	
kaufen	[kˈaɔfn̩]	to buy	
das Klavier	[klavˈiːɐ]	piano	
das Kleid	[klaɛt]	dress	
der Knopf	[knɔpf]	button	
der Koffer	[kˈɔfe]	suitcase	
Köln	[kœln] *(Stadt)*	Cologne *(city in Germany)*	
der Kopf	[kɔpf]	head	
der Kurs	[kʊʁs]	course, class	
Kurt	[kʊʁt]	Kurt *(personal name)*	
kurz	[kʊʁts]	short	
lachen	[lˈaxn̩]	to laugh	
das Land	[lant]	country	
lang	[laŋ]	long	

		Englisch	Ihre Sprache
Lehrte	[lˈeːᵉtə] *(Stadt)*	Lehrte *(city in Germany)*	
leider	[lˈaɛdɐ]	unfortunately	
Leipzig	[lˈaɛptsɪç] *(Stadt)*	Leipzig *(city in Germany)*	
leise	[lˈaɛzə]	quiet, quietly	
die Lektion	[lɛktiˈoːn]	lesson	
lesen	[lˈeːzn̩]	to read	
links	[lɪŋks]	left, on the left	
der Löffel	[lˈœfl̩]	spoon	
Luzern	[lutsˈɛʳn] *(Stadt, Schweiz)*	Lucerne *(city in Switzerland)*	
das Mädchen	[mˈɛːtçən]	girl	
der Mai	[maɛ]	May	
Mainz	[maɛnts] *(Stadt)*	Mainz *(city in Germany)*	
der Mann	[man]	man; husband	
die Männer	[mˈɛnɐ] *(Pl. von: der Mann)*	men	
der Montag	[mˈoːntaːk]	Monday	
montags	[mˈoːntaːks]	on Mondays	
München	[mˈʏnçn̩] *(Stadt)*	Munich *(city in Germany)*	
Münster	[mˈʏnstɐ] *(Stadt)*	Münster *(city in Germany)*	
das Museum	[muzˈeːʊm]	museum	
Müsli	[mˈyːsliː]	muesli, granola	
die Nase	[nˈaːzə]	nose	
nein	[naɛn]	no	
neu	[nɔœ]	new	
neun	[nɔœn]	nine	
neuntausend	[nˈɔœntaɔzn̩t]	nine thousand	
nicht	[nɪçt]	not	
Nixdorf	[nˈɪksdɔʳf] *(Stadt)*	Nixdorf *(city in Germany)*	
der November	[nɔvˈɛmbɐ]	November	
der Ober	[ˈoːbɐ]	waiter	
Oh!	[oː]	Oh!	
das **Ohr**	[oːᵉ]	ear	
die **Ohr**en	[ˈoːʁən] *(Pl. von: das Ohr)*	ears	
der Oktober	[ɔktˈoːbɐ]	October	
das Öl	[øːl]	oil	
der Osten	[ˈɔstn̩]	East, east	
Österreich	[ˈøːstɐʁaɛç] *(Land)*	Austria *(country)*	
Paderborn	[paːdɐbˈɔʳn] *(Stadt)*	Paderborn *(city in Germany)*	
die Phonetik	[fonˈeːtɪk]	phonetics	
der Pilot	[pilˈoːt]	pilot	
die Pizza	[pˈɪtsaː]	pizza	
der Platz	[plats]	place; space; town square	
Polen	[pˈoːlən] *(Land)*	Poland *(country)*	
die Post	[pɔst]	mail	
der Preis	[pʁaɛs]	price; prize	
die Puppe	[pˈʊpə]	doll	
das Quadrat	[kvadʁˈaːt]	square	

		Englisch	Ihre Sprache
die Qualität	[kvalit'ɛ:t]	quality	
quer	[kveːɐ]	diagonal	
Querfurt	[kyˈeːɐfuɐt] *(Stadt)*	Querfurt *(city in Germany)*	
das Radio	[ɐˈaːdio:]	radio	
der Rand	[ɐant]	edge	
rechnen	[ɐˈɛçnən]	to calculate	
recht	[ɐɛçt]	right	
rechts	[ɐɛçts]	on the right	
der Regen	[ɐˈéːgn̩]	rain	
Regensburg	[ɐˈéːgn̩sbuɐk] *(Stadt)*	Ratisbon *(city in Germany)*	
der Reis	[ɐaɛs]	rice	
die Reise	[ɐˈaɛzə]	trip	
Rostock	[ɐˈɔstɔk] *(Stadt)*	Rostock *(city in Germany)*	
rot	[ɐoːt]	red	
Russland	[ɐˈʊslant] *(Land)*	Russia *(country)*	
Saarbrücken	[zaːˈɐbɐˈʏkn̩] *(Stadt)*	Saarbrücken *(city in Germany)*	
Salzburg	[zˈaltsbuɐk] *(Stadt, Österreich)*	Salzburg *(city in Austria)*	
die Schere	[ʃˈeːɐə]	*(pair of)* scissors	
schick	[ʃɪk]	chic, fancy	
das Schild	[ʃɪlt]	sign	
der Schirm	[ʃɪɐm]	screen; umbrella	
schlecht	[ʃlɛçt]	bad	
der Schnee	[ʃneː]	snow	
schön	[ʃøːn]	beautiful	
der Schrank	[ʃɐaŋk]	closet; cabinet	
die Schüssel	[ʃˈʏsl̩]	bowl	
die Schweiz	[ʃvaɛts] *(Land)*	Switzerland (country)	
Schwerin	[ʃveɐˈiːn] *(Stadt)*	Schwerin *(city in Germany)*	
sechs	[zɛks]	six	
sechzehn	[zˈɛçtseːn]	sixteen	
sechzig	[zˈɛçtsɪç]	sixty	
der See	[zeː]	lake	
sehen	[zˈeːən]	to see	
sehr	[zˈeːɐ]	very	
der Sessel	[zˈɛsl̩]	comfy chair, easy chair	
sieben	[zˈiːbm̩]	seven	
singen	[zˈɪŋən]	to sing	
so	[zoː]	so	
die Söhne	[zˈøːnə] *(Pl. von: der Sohn)*	sons	
Solingen	[zˈoːlɪŋən] *(Stadt)*	Solingen *(city in Germany)*	
der Sonntag	[zˈɔntaːk]	Sunday	
sonntags	[zˈɔntaːks]	*(on every)* Sunday	
der Sport	[ʃpɔɐt]	sport	
die Sprache	[ʃpɐˈaːxə]	language	
die Sprachen	[ʃpɐˈaːxn̩] *(Pl. von: die Sprachen)*	languages	
sprechen	[ʃpɐˈɛçn̩]	to speak	

		Englisch	Ihre Sprache
der Staat	[ʃtaːt]	state	
die Stadt	[ʃtat]	city	
die Städte	[ʃtˈɛːtə] *(Plural von: die Stadt)*	cities	
der Stift	[ʃtɪft]	pen; pencil *(writing utensil)*	
die Straße	[ʃtʁˈaːsə]	street	
der Stuhl	[ʃtuːl]	chair	
die Stühle	[ʃtˈyːlə] *(Pl. von: der Stuhl)*	chairs	
Stuttgart	[ʃtˈʊtgaˑᵘt] *(Stadt)*	Stuttgart *(city in Germany)*	
der Süden	[zˈyːdn̩]	South, south	
die Suppe	[zˈʊpə]	soup	
die Tafel	[tˈaːfl̩]	chalkboard, blackboard	
der Tag	[taːk]	day	
die Tankstelle	[tˈaŋkʃtɛlə]	gas/petrol station *(Am./Br.)*	
die Tasche	[tˈaʃə]	bag	
die Tasse	[tˈasə]	cup, mug	
das Taxi	[tˈaksiː]	taxi	
der Tee	[teː]	tea	
das Telefon	[tˈeːlefoːn]	telephone	
teuer	[tˈɔœɐ]	expensive	
das Theater	[teˈaːtɐ]	theater	
der Tisch	[tɪʃ]	table	
die Tochter	[tˈɔxtɐ]	daughter	
die Töchter	[tˈœxtɐ] *(Pl. von: die Tochter)*	daughters	
der Topf	[tˈɔpf]	pot	
die Töpfe	[tˈœpfə] *(Pl. von: der Topf)*	pots	
Trier	[tʁ̥iˑᵉ] *(Stadt)*	Trier *(city in Germany)*	
trinken	[tʁ̥ˈɪŋkn̩]	to drink	
Tschüss!	[tʃʏs]	Bye!	
das Tuch	[tuːx]	towel	
die Türkei	[tʏᵉkˈaɛ] *(Land)*	Turkey *(country)*	
die Tüte	[tˈyːtə]	*(small)* bag	
typisch	[tˈyːpɪʃ]	typical	
die Übung	[ˈyːbʊŋ]	exercise, practice	
die Uhr	[uːᵉ]	clock	
die Uhren	[ˈuːʁən] *(Pl. von: die Uhr)*	clocks	
die Vase	[vˈaːzə]	vase	
der Vater	[fˈaːtɐ]	father	
verstehen	[fɛʃtˈeːən]	to understand	
Verzeihung	[fɛtsˈaɛʊŋ]	pardon, forgiveness	
vier	[fiːᵉ]	four	
das Visum	[vˈiːzʊm]	visa *(to enter a country)*	
der Vogel	[fˈoːgl̩]	bird	
der Vokal	[vokˈaːl]	vowel	
die Vokale	[vokˈaːlə] *(Pl. von: der Vokal)*	vowels	
das Wasser	[vˈasɐ]	water	
der Wein	[vaɛn]	wine	

		Englisch	Ihre Sprache
das Wetter	[vˈɛtɐ]	weather	
wir	[viːɐ]	we	
Wolfsburg	[vˈɔlfsbuɐk] (Stadt)	Wolfsburg (city in Germany)	
die Wolke	[vˈɔlkə]	cloud	
die Wurst	[vʊɐst]	sausage	
das Würstchen	[vˈʏɐstçən]	little sausage	
Xanten	[ksˈantn̩] (Stadt)	Xanten (city in Germany)	
Ypsilon	[ˈʏpsilɔn]	y	
zählen	[tsˈɛːlən]	to count	
der Zahn	[tsaːn]	tooth	
der Zahnarzt	[tsˈaːnʔaɐtst]	dentist	
zehn	[tsɛːn]	ten	
die Zeitung	[tsˈaɛtʊŋ]	newspaper	
der Zoo	[tsoː]	zoo	
zu	[tsuː]	to; too; closed	
der Zucker	[tsˈʊkɐ]	sugar	
der Zug	[tsuːk]	train	
zwei	[tsvaɛ]	two	
Zwickau	[tsvɪkaɔ] (Stadt)	Zwickau (city in Germany)	
zwölf	[tsvœlf]	twelve	

Äußerungen

Äußerung	Englisch	Ihre Sprache
Achtung!	Watch out!	
Auf Wiedersehen!	Goodbye!	
Bleib (doch) bitte!	Please stay!	
Das ist (nicht) teuer!	That's (not) expensive!	
Das kaufe ich.	I'm going to buy this.	
Das tut weh!	That hurts!	
Ein Bier bitte!	One beer, please!	
Ein bisschen.	A little (bit).	
Drei Brötchen mit Wurst.	Three rolls with sausage.	
Geh (doch) bitte!	Please leave!	
Gute Nacht!	Good night!	
Guten Abend!	Good evening!	
Guten Morgen!	Good morning!	
Guten Tag!	Hello!	
Herr Ober	Waiter *(calling him to get his attention)*	
Hier bitte!	Right here, please!	
Ich heiße …	My name is …	
Ich rechne.	I'm calculating./I'm thinking.	
im Ei	in the egg	
im Mai	in May	
Komm (doch) bitte!	Please come!; Come here, please! *(depends on tone of voice)*	
Mir geht es (sehr) gut!	I'm doing (very) well!	
Mir geht es (sehr) schlecht.	I'm *(really)* not doing (very) well.	
Na gut!	Ok!	
Sprechen Sie Deutsch?	Do you speak German?	
Vielen Dank!	Thank you!	
von Ina	from Ina	
von Nina	from Nina	
Wie bitte?	Pardon me?	
Wie geht es dir?	How are you? *(sing. informal)*	
Wie geht es Ihnen?	How are you? *(sing. or pl. formal)*	
Wie heißen Sie?	What's your name? *(formal)*	
Wie heißt du?	What's your name? *(informal)*	
Wie viel kostet …?	How much does … cost?	
Wo finde ich …?	Where can I find …	
Zu teuer!	Too expensive!	
zweiter Mai	May second; the second of May	

Phonetische Fachbegriffe

		Englisch	Ihre Sprache
die Akzentuierung		accentuation	
das Alphabet		alphabet	
betonen		to accent; to emphasize	
der Buchstabe	*Pl.: die Buchstaben*	letter *(to spell words)*	
der Diphthong	*Pl.: die Diphthonge*	diphthong	
die Endung	*Pl.: die Endungen*	ending	
fortis		fortis	
der Frikativ	*Pl.: die Frikative*	fricative	
der Knacklaut		glottal stop	
der Konsonant	*Pl.: die Konsonanten*	consonant	
die Konsonantenverbindung		combination of consonants	
kurz/ungespannt		short/lax	
lang/gespannt		long/tense	
der Laut	*Pl.: die Laute*	phone	
lenis		lenis	
die Melodie		melody	
der Nasal	*Pl.: die Nasale*	nasal	
die Pause	*Pl.: die Pausen*	pause	
die Phonetik		phonetics	
das phonetische Zeichen		phonetic symbol	
der Plosiv	*Pl.: die Plosive*	plosive	
der Präfix	*Pl.: die Präfixe*	prefix	
der Reduktionsvokal		reduced vowel	
der Reim	*Pl.: die Reime*	rhyme	
das Satzzeichen	*Pl.: die Satzzeichen*	punctuation mark	
schwach gespannt		lax	
die Silbe	*Pl.: die Silben*	syllable	
die Spannung		tension	
stark gespannt		tense	
stimmhaft		voiced	
stimmlos		voiceless	
der Vokal	*Pl.: die Vokale*	vowel	
der Vokalneueinsatz		start of vowel articulation	
das Wort	*Pl.: die Wörter*	word	
der Wortakzent		word accent	

Englische Übersetzung: Anni Taylor

[A3] Anhang 3

Hinweise für Lehrer: Zur Arbeit mit dem Kurs

1. Komponenten

Der Phonetische Einführungskurs besteht aus insgesamt 18 Schritten, in denen die wichtigsten phonetischen Themen für eine gute Aussprache in Deutsch als Fremdsprache präsentiert und geübt werden. Hörbeispiele und Übungssequenzen auf der CD und die schriftlichen Hinweise in diesem Buch bilden eine Einheit.

Die 18 Schritte widmen sich folgenden Themen:

- Sensibilisierung für den Klang des Deutschen *(Schritt 1)*
- Alphabet, Buchstabieren, Laut-Buchstaben-Beziehungen *(Schritt 2 und 18)*
- Akzentuierung *(Schritt 3)*
- Melodie *(Schritt 4)*
- Vokale, Diphthonge, Reduktionsvokale *(Schritte 5 bis 8)*
- Konsonanten *(Schritte 9 bis 17)*

2. Lexik

Im Phonetischen Einführungskurs wird vorrangig leicht verständliche und semantisierbare Lexik genutzt, die zum unmittelbaren Lebensumfeld der Lernenden gehört. Hinzu kommen Internationalismen und Namen. Außerdem werden kommunikative Formen und Floskeln *(Bitte! Danke! Guten Tag!)* genutzt, die die Lernenden für einen ersten Kontakt mit Kommunikationspartnern in der deutschen Sprache benötigen.

Die Lexiklisten im Anhang sind alphabetisch geordnet. Sie enthalten in der ersten Spalte den Übungswortschatz der einzelnen Schritte sowie einige wichtige Floskeln *(z. B. Guten Tag!)* und die verwendeten Fachtermini zur Phonetik *(z. B. Konsonant, Vokal, …)*. Außerdem ist die phonetische Transkription (nach dem internationalen phonetischen Alphabet) sowie bei Substantiven ggf. die entsprechende Plural- oder auch Singularform angegeben. Die zweite Spalte enthält jeweils die englische Übersetzung der Wörter. In die dritte (noch freie) Spalte kann ggf. eine Übersetzung in die jeweilige (Mutter-)Sprache der Lernenden eingetragen werden.

3. Aufbau

In jedem Schritt des Phonetischen Einführungskurses wird auf zwei bis drei Seiten ein phonetisches Thema behandelt. Zusätzlich zum phonetischen Thema steht jeder Schritt noch unter einem Motto oder Rahmenthema (z. B. „Tafel und Tasche" ⇨ Dinge im Klassenzimmer).

Die Schritte sind alle ähnlich aufgebaut, jedoch unterscheiden sich die Schritte zu den Vokalen und Konsonanten in einigen Punkten von den Schritten, in denen es um Akzentuierung, Melodie und Laut-Buchstaben-Beziehungen geht. Die Schritte zu den Vokalen und Konsonanten (Schritte 5 bis 17) sind nach folgendem Muster gestaltet:

- Am Beginn jedes Schrittes wird die behandelte phonetische Problematik (z. B. Vokale lang und kurz) mit entsprechenden Wortbeispielen als Übersicht präsentiert. Daneben befindet sich jeweils eine passende Illustration zur verwendeten Lexik, die die Semantisierung vereinfachen soll.

- Es folgen eine Darstellung der wichtigsten Regeln (v. a. Laut-Buchstaben-Beziehungen) und ergänzende Tipps zur Regelanwendung bzw. zur Lautbildung.

- Anschließend werden Möglichkeiten gezeigt, wie die neuen und für die Lerner noch schwierigen Laute artikuliert und geübt werden können. Zur Verdeutlichung sind Illustrationen (z. B. Lippenbilder zum Zeigen der Lippenrundung), Assoziationen und einfache Erklärungen eingefügt.

- Es folgen Hörübungen, die dazu dienen, ähnliche und leicht zu verwechselnde phonetische Phänomene (z. B. lange vs. kurze Vokale) unterscheiden zu lernen.

- In den nachfolgenden Übungen wird – ggf. unter leicht spielerischem Aspekt – zum Nachsprechen und emotionalen Sprechen angeregt. Den Abschluss bildet meist eine Übung, in der das Hören mit dem Anwenden der erlernten Regeln zu den Laut-Buchstaben-Beziehungen verknüpft wird (Lückentexte).

- Die Übungsanweisungen sind leicht verständlich formuliert und wiederholen sich sowohl innerhalb jedes Schrittes als auch schrittübergreifend.

4. Übungstypologie

1 Übungen zum Buchstabieren

Buchstabieren: Die Übung sensibilisiert im Schritt 1 für die Benennung der deutschen Buchstaben. Die Lernenden müssen beachten, dass zwischen der Benennung eines Einzelbuchstabens (d. h. Buchstabieren) und der lautlichen Realisierung eines Buchstabens keine 1:1-Äquivalenz besteht, z. B. wird das Wort Tag als [teː]-[aː]-[geː] buchstabiert, aber als [taːk] gesprochen.

2 Übungen zur Lautanbildung

Laute üben: Die Lernenden sollen versuchen, fremde Artikulationsmuster mit Hilfe der vorgegebenen Hinweise, Illustrationen (z. B. Lippenbilder zur Verdeutlichung der Lippenrundung bei ö-Lauten) und Assoziationen (z. B. Lächeln zur Verdeutlichung des Lippenbreitzugs bei [eː]) auszuprobieren. Dabei wird ein einziger Versuch meist nicht ausreichen. Die neuen Artikulationsbewegungen sind oft so ungewohnt, dass sie nicht sofort gelingen, sondern durch mehrmaliges Üben eingeschliffen werden müssen.

3 Hör- und Mitsprechübungen/Nachsprechübungen

Hören und mitlesen: Die Übungen dienen zur Sensibilisierung für das jeweilige phonetische Phänomen. Die Hörbeispiele sollten unbedingt mehrmals gehört und von den Lernenden anfangs still, später leise, halblaut oder laut mitgelesen werden. Auf diese Weise werden neue Artikulations- und Rhythmusmuster eingeschliffen.

Hören und mitsprechen: Die Lernenden sollten versuchen, die Hörbeispiele ohne schriftliche Vorlage parallel mitzusprechen. Gegebenenfalls können Gesten zur Unterstützung verwendet werden, wie z. B. Länge und Kürze von Vokalen mit Handbewegungen zeigen. Entsprechende Tipps werden in den einzelnen Schritten gegeben.

Hören und mitklopfen/mitsummen: Diese Übung wird vorwiegend in den Schritten 3 (Akzentuierung) und 4 (Melodiesierung) eingesetzt. Sie macht den Lernenden bewusst, aus welchen rhythmischen Strukturen die deutsche gesprochene Sprache besteht. Die Lernenden erkennen die Unterschiede zu ihrer Muttersprache und schleifen neue rhythmische Muster besser ein.

Hören und nachsprechen: Die Lernenden hören zuerst das Hörbeispiel und wiederholen es anschließend. Im Unterschied zum sofortigen und parallelen Mitsprechen des Hörbeispiels setzt das eine kurzzeitige Speicherung des gehörten gesprochenen Musters voraus. Auch hierbei sollten möglichst unterstützende Gesten verwendet werden.

4 Kontrollierbare Hörübungen

Hören und markieren oder ankreuzen: Mit dieser kontrollierbaren Hörübung wird das Unterscheiden und Erkennen phonetischer Merkmale geübt. Die Lernenden erwerben die Fertigkeit, in der ihnen noch fremden Sprache z. B. Akzentsilben herauszuhören oder Laute bzw. Merkmale von Lauten zu erkennen und von anderen ähnlichen Lauten zu unterscheiden. Gleichzeitig lässt sich mit Hilfe dieser Übungen kontrollieren, inwieweit diese Fertigkeiten schon ausgeprägt sind.

5 Übungen zum Vorlesen

Buchstaben/Wörter/Wortpaare vorlesen: Die Lernenden sollen ohne zusätzlichen Hörstimulus Buchstabenfolgen als Wörter identifizieren, in Laute transferieren und adäquat aussprechen.

6 Produktive Anwendungsübungen

Allein/Zu zweit (emotional) sprechen: In diesem Übungstyp wird das zuvor Gelernte angewendet. Die Lernenden sollen bspw. kommunikative Wendungen in einer passenden Emotion (meist nach zuvor gehörtem Muster) sprechen, z. B. *A: Wie geht es dir? B: Mir geht es gut!* Dadurch schleifen sich neue Sprechmuster wesentlich besser ein.

Kombinieren: Auch dies ist eine Anwendungsübung, in der aus einzelnen lexikalischen Komponenten komplette kommunikative Äußerungen kombiniert werden sollen.

Wörter sortieren: Die Lerner sollen am Schriftbild des Wortes erkennen, ob ein Wort bspw. mit einem langen oder kurzen Akzentvokal gesprochen wird und es dann in eine entsprechende Tabellenspalte schreiben. Zusätzlich wird also auch das Schreiben geübt. Kenntnisse der Laut-Buchstaben-Beziehungen sind dafür Voraussetzung.

Wörter einer Abbildung zuordnen: Anhand einer Abbildung muss das dazugehörige Wort aus dem Gedächtnis genannt werden und zwar mit der korrekten Aussprache.

7 Hör- und Schreibübungen (Lückendiktate)

Buchstaben schreiben: Bei dieser Übung verbinden sich lautgerechtes Hören und Kenntnis der Laut-Buchstaben-Beziehungen. Die Lerner hören ein Wort und müssen den/die entsprechenden Buchstaben in die jeweilige(n) Lücke(n) schreiben.

---

5. Einsatzmöglichkeiten

Der Phonetische Einführungskurs kann in Kombination mit jedem beliebigen Sprachkurs und Lehrbuch eingesetzt werden. Er ist geeignet für Lernende aller Ausgangssprachen, weil von einem sogenannten phonetischen Minimum ausgegangen wird, das allen DaF-Lernenden eine reibungslose Kommunikation mit einer guten Aussprache auf Deutsch ermöglicht. Er ist so konzipiert, dass sich verschiedene Einsatzmöglichkeiten ergeben. Dabei spielen vor allem zwei Überlegungen eine Rolle.

1. Überlegung: Muss man den kompletten Phonetischen Einführungskurs durcharbeiten oder kann man Teile daraus auswählen?

1. Wenn der komplette Kurs durchgearbeitet wird, kann dies erfolgen:
   a) in der vorgegebenen Schrittfolge 1–18
   b) in einer beliebigen anderen Schrittfolge, z. B. Schritt 8 (Diphthonge) wird erst nach der Behandlung von Schritt 10 (Plosive) bearbeitet.
2. Es lassen sich auch nur ausgewählte und für die Lernenden besonders relevante Schritte herausgreifen.

Empfehlenswert ist der Einsatz des kompletten Kurses in der vorgegebenen Reihenfolge. Es ist ratsam, mit Schritt 1 (Sensibilisierung für den Klang der Sprache) zu beginnen und danach zuerst die besonders relevanten sprachlichen Merkmale der Akzentuierung und Melodie zu üben. Diese sind für eine reibungslose Kommunikation besonders wichtig. Außerdem treten manche Artikulationsprobleme oft gar nicht erst auf, wenn Akzentuierung und Melodie der Sprache schon gut beherrscht werden. Sehr wichtig ist auch eine korrekte Artikulation der Vokale. Dagegen werden kleinere Fehler bei der Aussprache der Konsonanten eher toleriert.

2. Überlegung: Nach welchen Kriterien wählt man einzelne Schritte mit entsprechenden phonetischen Themen für die Lerner aus?

Die Lernenden übertragen Aussprachegewohnheiten und -regeln ihrer Ausgangssprache unbewußt und automatisch in die Fremdsprache Deutsch. Oftmals passen diese jedoch nur zum Teil bzw. überhaupt nicht: So werden z. B. in anderen Sprachen viele Buchstaben anders ausgesprochen, es gibt keine ö- und ü-Laute, Wörter werden anders betont usw. Aus diesem Grund haben die Lernenden Mühe, die fremden Laute zu erkennen und auszusprechen. Deutlich wird das am sogenannten fremden Akzent, der durch Interferenzen aus der Ausgangssprache entsteht.

Die 18 Schritte des Phonetischen Einführungskurses sind für fast alle Ausgangssprachen relevant, da die Lernenden einen Überblick über die Laut-Buchstaben-Beziehungen und die wichtigsten Ausspracheregeln des Deutschen erhalten. Es ist

wünschenswert, dass sie dabei Gemeinsamkeiten zur eigenen Sprache entdecken (positiver Transfer), aber auch und vor allem, dass sie neue Regeln und Fertigkeiten für die Anwendung des Deutschen als Fremdsprache erlernen.

Detaillierte Informationen zu den Ausspracheschwierigkeiten von Lernenden verschiedener Ausgangssprachen finden Sie in den Materialien „Phonetik international" (*http://www.phonetik-international.de/p-phonetik*).

3. Überlegung: Wann und in welchem Unterrichtskontext lässt sich der Kurs einsetzen?

Folgende Einsatzmöglichkeiten sind denkbar:

1. vor Beginn jedes beliebigen Sprachkurses (da die Lernenden keine oder nur ganz geringe Kenntnisse der deutschen Sprache besitzen müssen)
2. begleitend neben den ersten Lektionen des jeweils verwendeten Lehrwerkes
3. in Form ausgewählter Schritte oder Übungsfolgen aus den Schritten zu jedem beliebigen Zeitpunkt eines Sprachkurses
4. als Selbstlernmaterial zu Hause oder in der Mediothek zu jedem beliebigen Zeitpunkt.

Eine genaue Zeitvorgabe für die Bearbeitung des gesamten Materials, eines einzelnen Schrittes oder einer Übung lässt sich nicht angeben. Der notwendige zeitliche Umfang für die Übungen hängt von der Lernergruppe und vom sonstigen Zeitkonzept ab.

Es empfiehlt sich zwar, alle Übungen mehrmals zu wiederholen, um ein möglichst gutes Ausspracheergebnis zu erreichen. Steht aber nur wenig Zeit zur Verfügung, ist es dennoch hilfreich, die Lernenden vor Beginn des Sprachkurses wenigstens kurz mit den Schwerpunkten und Strukturen der deutschen Aussprache vertraut zu machen.

Es ist sowohl möglich, jedem Schritt eine komplette Unterrichtseinheit à 45 Minuten zu widmen als auch in einer Unterrichtseinheit zwei, drei oder mehr Schritte (bzw. ausgewählte Teile daraus) zu behandeln.

Mit dem Phonetischen Einführungskurs wird die Basis für alle späteren Übungen und eine erfolgreiche Kommunikationsfähigkeit in der Fremdsprache geschaffen. Die wenige Zeit, die dafür anfangs eingeplant werden muss, zahlt sich also später doppelt und dreifach aus, v. a., weil sich erst gar keine falschen Aussprachemuster einschleifen.

Viel Erfolg und viel Freude bei der wichtigen Arbeit an der Aussprache. Bitte widmen Sie diesem Thema während des gesamten Sprachkurses Aufmerksamkeit und Zeit. Es lohnt sich!